最強保存版

プロの技でおうちレストラン

一流シェフの低温調理器レシピ

野崎洋光

脇屋友詞

日髙良実

髙良康之

世界文化社

一流シェフの低温調理器レシピ　目次

4人のトップシェフから―― 低温調理入門のヒント

野﨑洋光

低温調理と言うと難しく聞こえるけれど「湯せん」と同じこと

日本料理はもともと低温調理とは、なじみがあったんです。加熱中にいくら沸騰させても味はしみ込まないばかりか、煮崩れてしまうでしょう。だからいったん火を止めて、例えば65℃で15分同じ温度を保っていれば、味がうまくしみ込むことはわかっていたの。これは、余熱を利用して「保温」する調理法のひとつ。でも、同じ温度を一定に保つのは難しいので、昔からそれぞれのやり方で工夫していたんですよ。それがプロの技であり、コツであり、秘密の調理法だったんです。

それが、家庭でも使える低温調理器が登場してから、誰でも簡単にできるようになりました。

スイッチを押せば長時間同じ温度が保たれるって、とても便利ですね。つきっきりでなくても安心して「湯せん」にかけられ、タイマーをセットしていれば、その間、ほかの作業もできる。昔は鍋の前で温度が一定になるよう温度計を差して火力を微妙に調整したり、差し水をしたりして同じ温度を保っていたのだけれど、保存袋に入れたままで調理できるのは楽だね。

そして僕は、低温調理の袋に入れる前に食材を一度「霜降り」にすることをおすすめしています。これですっきり、おいしくなるんですよ。人間だって身体をきれいにするためにお風呂に入るでしょう。魚や肉も一度お湯の中でさっとくぐらせて余分なにおいや汚れを取ってから低温調理すると、格段に味も見映えもよくなります。ぜひ実行してみてください。

従来の考え方にとらわれない独自の料理哲学で日本料理の垣根を低くしてくれる賢人。低温調理器はボニークを使用。

脇屋友詞

袋の中でいっぺんに調理できる低温調理を中国料理のテクニックで

中国料理って大きな火力でパパッと仕上げるイメージがあると思いますが、コトコト長時間弱火で蒸し煮にする、下調理で乾物をじっくりもどすなど、強火の料理だけではないんです。

だから、一定の温度帯で長時間かけて火を入れていく低温調理と中国料理は相性もいいですね。低温調理は肉の火入れの完璧さが最大の特徴といわれますが、味の浸透具合にも驚きました。短時間でしっかりと味が入るんです。

中国料理の味つけの特徴のひとつは、さまざまな調味料をブレンドした「合わせ調味料」を同じ鍋にリズミカルに加えていくこと。

低温調理でも袋の中で、合わせ調味料を食材と同時に入れて、少しもんで味をなじませてから調理するといいですね。鶏胸肉やローストビーフは本書オリジナルレシピで、今回の自信作です。2種類の豚バラ肉の料理は伝統の作り方を低温調理用に置き代えたもの。

僕が使っている低温調理器は、袋を真空にできる脱気機能付きです。今まで料理する時は材料がかぶるくらいの調味液を鍋に入れていたのが、真空の袋だと少ない調味液ですむのでうれしいですよね(真空にする道具がなくても、水槽の中に入れた時にかかる水圧で自然脱気させる方法でも大丈夫)。

低温調理のような「湯せん」のことを中国料理では「熱水浴」とも言います。低温調理器は中国料理でももっと広がる可能性がある。そんなことを実感しました。

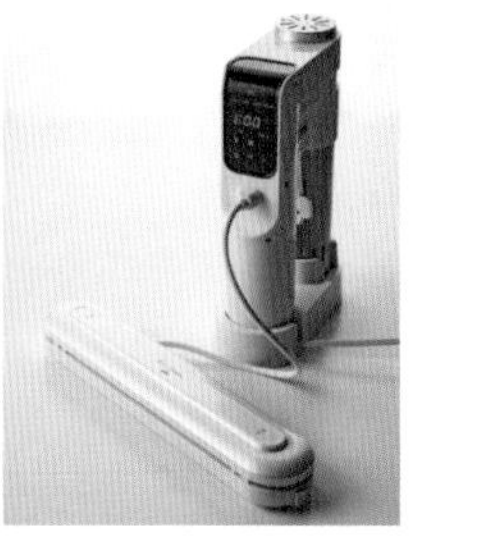

上海料理をベースに、華麗なプレゼンテーションで魅了する中国料理の鉄人シェフ。低温調理器は貝印を使用。

日髙良実

低温調理で最高のカルボナーラが完成

毎週金曜に配信しているACQUAPAZZAチャンネル。この料理動画サイトの熱心な視聴者は男性が圧倒的に多く、皆さん自宅でイタリアンを作って、プロ並みのこだわりも。この家庭用の低温調理器も男性ユーザーが多いと聞きます。バーンとした塊肉を料理して、切ったら完璧な火入れのロゼ！　最高ですよね。でもそれだけではない低温調理のポテンシャルを広げるのが今回のミッション。フレッシュでシンプル、毎日食べたくなるようなイタリア料理のレシピ開発に店の厨房スタッフ一同で取り組みました。
オリーブ油やハーブを使って、素材の持ち味を前面に出しましたが、低温調理だと肉や魚介がしっとり絶妙な食感に仕上がるので、イタリアンのようなシンプルなレシピに最適なツールだと実感しました。
ただし、低温調理で一番気をつけてほしいのは肉や魚介類の食中毒が起こりやすい温度帯。これを理解していただくことが何より大切です。特にイタリアンでもよく使いますが、豚肉の最適温度帯は狭いので、注意してください。
今回はパスタソースも紹介しています。水分を飛ばす必要のある「冷製トマトソース」は納得するまで試作したレシピで、「濃厚カルボナーラソース」は自信作。卵のたんぱく質の凝固前に仕上がるよう温度コントロールできるからです。このカルボナーラなら店でもお客さまに満足していただけるのでは思います。ぜひ、トライしてみてください。

人気動画チャンネルを通じて、毎週レシピを配信。おうちイタリアンの伝道師として活躍中。低温調理器はツヴィリング製を使用。

髙良康之

たんぱく質のコントロールを考え方のベースにしよう

低温調理器とは、火入れを自在にできる湯せん式の調理機器です。機械を操作して調理することは「たんぱく質のコントロールをすること」。食材を加熱していくと食材が一番おいしくなる絶妙な温度帯があって、これにたんぱく質の分解酵素が作用します。
「調理＝時間×温度」というと、ちょっと難しいですが、低温調理の考え方を頭にたたき込んでいただけたら幸いです。
低温調理は、そもそもフランスでフォワグラのテリーヌを効率よく作るために開発されたメソッドなんです。一度にたくさんの量を仕込んでもばらつきがないというので、ホテルの宴会（バンケット）や大型レストランでのニーズもあって1990年代には日本でもジョエル・ロブションさんはじめ海外シェフを招いた講習会がたくさんありました。
僕もそこで、食中毒の原因菌を避ける方法や肉や魚の「最適温度帯」を学びました。
日本に導入当初の低温調理の湯せん器は大型で、今では考えられないほどスペースを必要とするものでした。それが今では、家庭用にスティック型の手軽な低温調理器となり、世界中でブームだそうです。昔の大型の湯せん器がオフィスコンピューターなら、今の低温調理器は最新のスマホですね。でも、低温調理の理屈は同じ。食品の衛生管理で注意すべきことも同じです。おいしさとリスクは隣り合わせですが、やはり優先すべきは安全安心です。

フレンチの実力派シェフ。プロ向けから愛好家向けまで、料理講習会を精力的に行う。低温調理器はボニークを使用。

低温調理　基本のメソッドは4シェフ共通

おいしさと安全は《最適温度帯》を知ることから

1 低温調理は湯せんの調理です

低温調理に必要なのは、①ポリエチレン製食品用耐熱袋、②水を張る湯せん器（水槽）、③水を加熱・対流させて一定温度に保つ低温調理器、以上の3つです。

その調理の工程は、食材を食品用耐熱袋に入れて脱気する➡袋を「設定温度に達した」湯に入れる➡指定の時間で「湯せん」調理をする、という流れとなります。

袋に入れた食材は、湯から直接伝わる熱で火が入ります。**袋が食材に密着していると湯の熱伝導率が高くなり、正確に湯の熱が伝わります。**袋を脱気するのは、この熱伝導率をよくするためと、調味料による浸透圧を高めるため。低温調理ではこの袋の中で調理が行われるのです。

そして、この湯せん調理が「低温調理」と呼ばれるゆえんは、**40〜95℃の低温ゾーンで調理するから。**

食材を加熱調理して私たちが「おいしい、柔らかい」と感じる温度帯は、食材の構成物質によって違います。

肉なら、たんぱく質やコラーゲンが変性する温度帯。野菜や果物ではセルロースやペクチンなど食物繊維が分解する温度帯です。低温調理器の温度管理の正確性により、思うままに加熱調理ができるのは、こうした調理科学に基づく温度帯を利用しているからなのです。

2 最適温度帯を守ることが一番大切です

低温調理は、これまで私たちが直火で調理してきた料理とは異なる次元の食感と味わいをもたらしました。料理のプロでも長年の経験と勘で探ってきた火入れが、低温調理器さえあれば、だれでも簡単に再現可能になったわけです。しかし、**低温調理には、衛生管理のリスクがあることを必ず意識してください。**正しい知識を持たずに低温調理で作った肉料理では食中毒が起こる危険があるという注意喚起の報道もよく見聞きします。それを防ぐには、**①新鮮な食材を使う、②手指を清潔にし、食材には直接触れない、③清潔な調理道具を使う。**この3点は鉄則です。そして**もっとも重要なのは、最適温度帯（p.7）を厳守すること。**低温調理とは、通常より低い温度でも長時間調理することにより細菌類を死滅（滅菌）させる方法をとっています。細菌やウイルスが発生しやすい温度帯を避けながら調理することを原理原則にしてください。

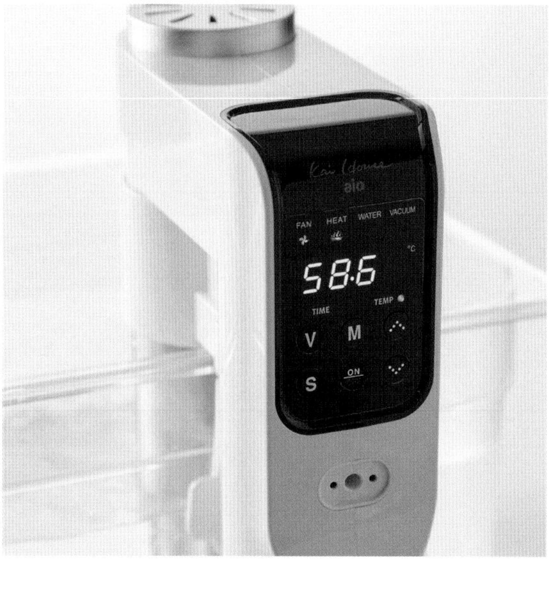

食材別・低温調理の最適温度帯

低温調理で最適とされる温度帯を食材別に表にしました。ピンクの帯内で行われるのが、いわゆる低温調理です。帯内には食品の変性する温度帯と調理の推奨温度を記載しました。右側の温度（*）はアメリカ USDA の安全ガイドラインですが、それより低温でも長時間加熱することにより、食材別に心配される食中毒原因菌は死滅すると調理科学上、考えられています。表中の温度は食材の中心温度。調理時間は食材のサイズや厚みによって異なりますが、加熱時間が多少長くなっても肉などのたんぱく質の状態は変わらないので、加熱温度が正しければ大きく失敗しないのが低温調理のメリットです。

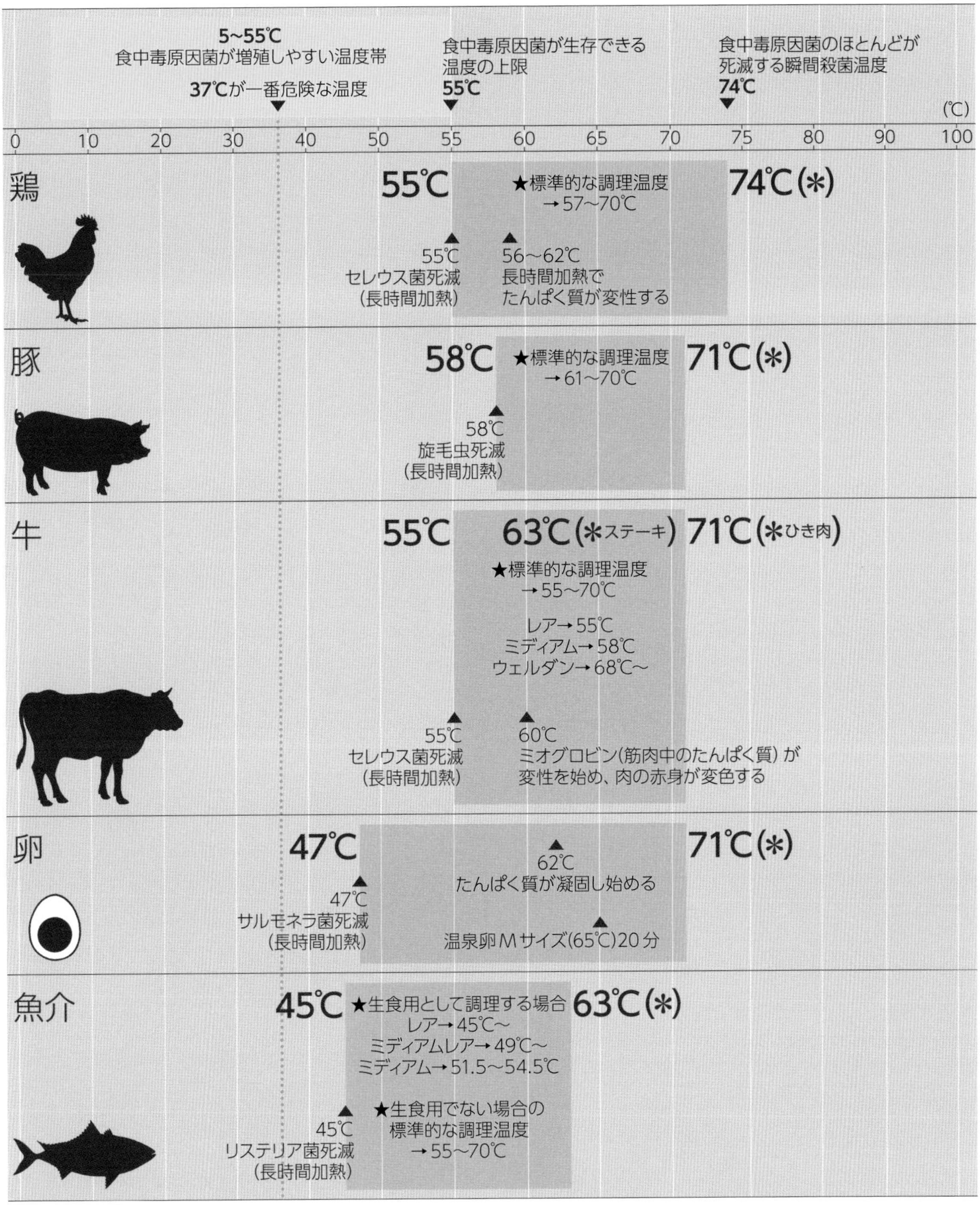

●この表組は USDA（アメリカ合衆国農務省）と FDA（アメリカ食品医薬品局）の食品安全検査基準を元に作成。（*）の温度は USDA による安全ガイドライン。
参考資料：BONIQ Guide Book、『Cooking for Geeks』Jeff Potter（オライリー・ジャパン）、『いちばん親切でおいしい低温調理器レシピ』脇 雅世（世界文化社）

イラストレーション：アサリマユミ

低温調理器レシピの基本 Q&A

おいしさの質を求める新しいライフスタイルの家電として人気の低温調理器。
そのメソッドの基本や使い方のコツ、注意事項をQ&Aにまとめてみました。

Q 1 低温調理と一般的な調理はどう違う?

ピンポイントの温度帯で調理できるのが低温調理の最大の特徴。低温調理で作った肉料理でよく知られているサラダチキンやチャーシューなど、そのしっとりした食感は直火では出せない仕上がりです。また操作もシンプルで誰でも調理できる点も人気の理由です。低温調理のメソッドをわかりやすく5つにまとめました

(1) 食材を入れた袋を、湯に沈めて「湯せん」する調理です。
湯から直接伝わる熱で食材に火を入れ、全体がくまなく均等に加熱されるのでムラができないのが特徴。

(2) 袋の中の空気を抜いて、食材と袋を密着させて調理する方法です。
脱気させるのは湯の熱伝導率を高くし、正確に指定の温度で調理するため。脱気は湯に沈めた時に水圧で袋から空気が抜ける現象を利用する「水圧法」や、脱気を促す真空器を用いる。

(3) 少量の調味料で浸透圧を生かして味つけする方法です。
食材に調味料を加えて調理すると浸透圧の現象で食材に味がしみ込む。袋を脱気するとその効果がさらに増し、少量の調味料でも均一に味がしみ込む。調味液にアルコール分がある場合は事前に煮切ってから袋に加える。

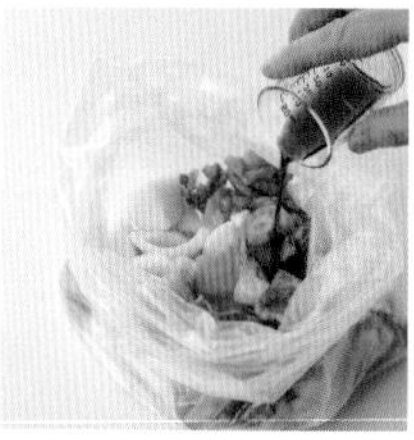

(4) 最適な温度を設定して一定の温度(恒温)で調理する方法です。
低温調理器には水を加熱するヒーターと水流を起こして温度を一定に保つサーキュレーターが内蔵されている。湯せん器の水が設定温度に達したら調理開始。終了はタイマー任せで。

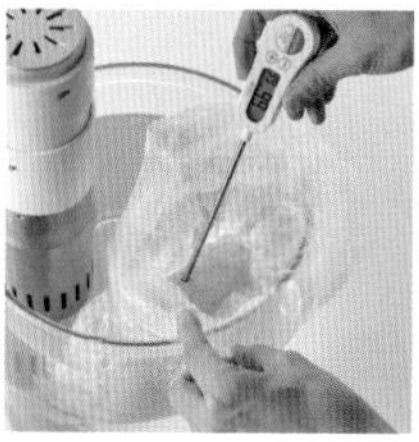

(5) 細菌やウイルスを滅菌しながら安全に調理する方法です。
細菌がもっとも増殖するのは5 ～ 55℃。低温調理はごくわずかな例外(＊)を除き、危険な温度帯を避けた55℃以上で調理する。袋の脱気によって酸化や菌の繁殖も抑えられる。(＊レアに近いミ・キュイの魚料理)

Q 2 低温調理には真空器が必要ですか?

完全に真空にするのは大型の専用機器がないと難しいので、家庭での低温調理は「真空に近い状態」を目標に。ハンディタイプの家庭用の真空器を活用するほか、水圧による脱気法もおすすめ。食材を湯に入れた時にかかる水圧によって、袋と食材が密着する原理を利用する。これだけでも95%ほどの空気が抜け、真空に準じた効果が得られます。

専用シーラー
低温調理器には、食品用の袋を脱気してシーリングできる「専用シーラー」がセットになっているものもある。食材と共に液体調味料(50ml程度)を入れても使用できる。貝印株式会社 https://www.kai-group.com/

真空ポンプ
ワンプッシュで脱気できるキッチンツール。USB充電式のコードレス。生鮮食品を真空保存するために使われるほか、低温調理にも最適。専用の真空バッグの耐熱温度は92℃～－18℃なので、低温調理をしてそのまま急冷、冷凍保存ができる。ツヴィリングJ. A.ヘンケルスジャパン https://www.zwilling.com/jp/

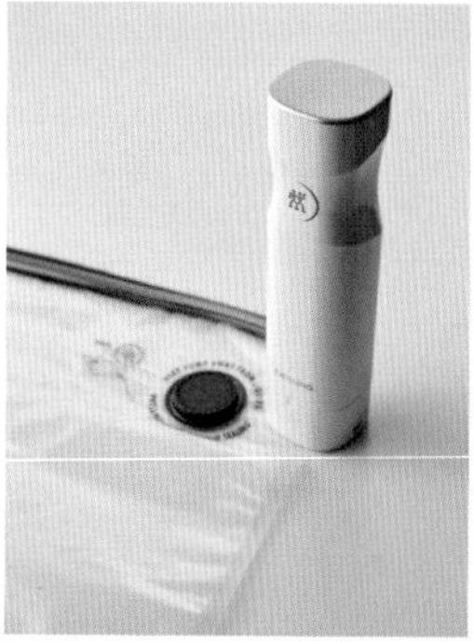

水圧法
湯に静かに沈めながら袋の中の空気を抜く方法。ジッパー付きの袋の場合は、沈めた後に開口部を閉める。食品用耐熱袋は常に大きなサイズを使う。スペースに余裕のあるほうが脱気しやすく、袋の上部を湯せん器の縁に留めやすい。縦の寸法は35 ～ 40㎝が理想。

Q3 温度のコントロールはどうするのですか?

それぞれメーカーの仕様書を確認してパネル操作で温度と時間を入力してセットします。設定温度に達したらタイマーを入れれば、あとは自動で調理してくれます。熱源は電気で火の元の心配もなく、湯せん調理の間は放置できるのでほかの作業を並行するなど時間を上手に使えます。時間のかかる料理は夜間、寝ている間に調理をまかせることも可能です。コンパクトで場所もとらないので、プロの料理人も取り入れるかたが増えています。

スティック型の低温調理器のパネル表示。操作はシンプルで温度と時間をセットできる。タイマーが終わると電源が切れるもの、保温が続くものの別があり、メーカーや機種によって水流の強さやマックスの温度に差があるので、機器のクセを把握して使いこなす。

Q4 「最適温度」はどこで測るのですか?

食材別の「最適温度」(p.7)とは湯の温度ではなく食材が加熱で到達すべき温度で、塊肉の場合は中心部の芯温を指します。厚い肉では周辺と中心部では加熱にタイムラグがありますから、芯温計で中心部の温度を確認することをおすすめします。また同じ温度であれば、時間を長くかけて調理しても肉質が大きく変わることはなく、より殺菌効果が高まると思ってください。保存を前提に作る場合の低温調理では長時間をすすめる理由もここにあります。

塊肉の中心部は周囲に比べて熱の伝わり方が遅い。最適温度に達しているかどうかを確認するには、芯温計を用いる。肉に突き刺す芯温計の先端は、使用前後、必ずアルコール消毒をすること。

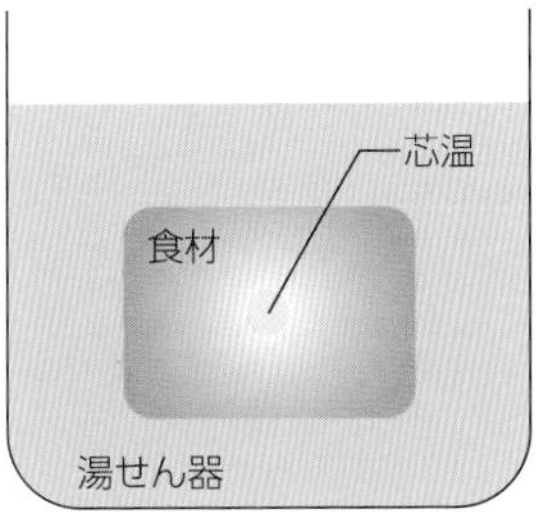

Q5 塊肉など厚みが変わったら、設定温度を変えるのですか?

肉の厚みによって変えるのは、設定温度ではなく、調理時間のほうです。低温調理の「加熱温度」によって肉のたんぱく質が収縮して食材の状態が変わり、「加熱時間」によって食材の衛生状態が変わります。これは魚介も同様で、食材に常在する食中毒菌の違いにより、牛肉・豚肉・鶏肉・魚介の最適温度帯は異なります(p.7表を参照)。

この最適温度帯のなかから調理する設定温度を決めたら、次に加熱時間を割り出します。加熱時間の選択は食材の重さではなく厚みによって変わります。

下記に低温調理器ブランドのボニークが安全喚起のため、一般に公表している加熱時間基準表の一部を抜粋しました(詳細はQRコードを読み込んでください)。

なお、この加熱時間は、【食材の芯温が設定温度に到達する時間】+【その温度で安全なレベルまで滅菌される時間】の2段階で算出されています。

食肉は「温度」:「時間」:「食材の厚み」の相関で安全な設定が決まる

「BONIQ加熱時間基準表」より

厚み	10mm	15mm	20mm	25mm	30mm	35mm
牛肉の加熱時間基準						
55℃	4:00	4:15	4:30	4:55	5:10	5:40
60℃	0:50	1:05	1:20	1:45	2:00	2:30
鶏肉の加熱時間基準						
57℃	2:10	2:25	2:40	3:05	3:20	3:50
62℃	0:35	0:50	1:05	1:30	1:45	2:15
豚肉の加熱時間基準						
61℃	1:35	1:55	2:10	2:35	2:50	3:20
66℃	0:35	0:50	1:05	1:30	1:45	2:15

●縦軸は食材の加熱温度、横軸が食材の厚みを指しています。

1.加熱温度を決定する(縦軸)

2.食材のもっとも厚い部分を測る(横軸)

3.縦軸と横軸の交わるセルの数値が、設定すべき加熱時間(時間:分)となる

●食材は日本の一般市場に流通する新鮮な食材で、冷蔵庫から出したて(5℃)のものを前提にしています。

●上記は一部の抜粋になります。(注意事項を含む)全項の確認、また、さらなる研究や情報の検知により改訂することがあるため、QRコードから最新のWeb版を参照ください。

●「低温調理 加熱時間基準表」最新版
https://boniq.jp/pdf/ttguide.pdf

Q6 湯せん用の容器の選び方は? 蓋は必要ですか?

低温調理器のヒーター部分が湯に浸かり、安定した水流が起こる高さ20cm以上、容量6ℓから最大15ℓを目安に選びます。材質はプラスチックの水槽やステンレスの鍋が一般的です。調理中は絶えず蒸気が上がるので、水の蒸発を防ぎ、湯温を安定させるために蓋をします。専用の蓋がなければシリコン製シートをカットして蓋にしたり、ラップで二重に覆ったりします。容器自体も放熱して熱くなるので、鍋敷きや断熱材を敷きます。

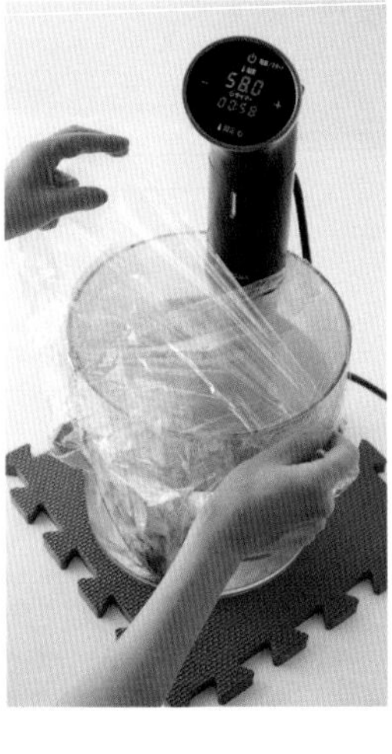

低温調理器のスティックが納まる蓋付きのステンレス鍋(ツヴィリングJ. A.ヘンケルスジャパン)。

左・ラップを二重にかければ蓋代わりにも。水分の蒸発や、室内の湿度上昇を抑えてくれる。

上・断熱材の鍋敷きは必需品。放熱を抑え、湯温を均一に保つ。

Q7 食材を入れる袋は なんでもいいのでしょうか?

水圧法で脱気を行うなら食品保存用ポリ袋もOK。耐熱温度の高い高密度ポリエチレン(HDPE)製を選びます。厚みも薄くて扱いやすく、材料に密着します。ただし薄いポリ袋は骨付き肉や角ばった型を入れる時は、二枚重ねて使うと安心です。

ジッパー付きの袋は水圧法で脱気する時に完全に口を閉めずに湯に沈め、空気が抜けたらジッパーを閉めるようにします。水圧法では大きな袋を使うほうが、湯に沈めて脱気しやすく、調理中も安定させやすいので縦35～40cmのLサイズを。また、一度使った袋を洗って再び用いるのは食品衛生上厳禁です。

低温調理には90～110℃の耐熱温度を有する高密度ポリエチレン(HDPE)製の袋を選ぶ。

調理中、湯せん器の縁にダブルクリップで袋を固定する。

Q8 低温調理したあとに食材を 冷却する必要はありますか?

低温調理後の食材を放置してゆっくり温度を下げると、細菌の繁殖しやすい温度帯の時間が長くなり食中毒のリスクが高い状態を作ります。すぐ温製でいただく料理の場合は別にして、しっかり冷却するのが基本です。また低温調理後に仕上げの調理工程がある場合も次の工程まで時間をおく時は、冷却して冷蔵室に入れます。またレシピによっては、一度冷却して次の工程での加熱をコントロールしやすくします。ステーキなど、最後にフライパンで仕上げる肉料理がその代表格です。

冷却の仕方ですが、湯せん器から引き上げたばかりの袋は熱いので、冷水や流水にあてて粗熱をとってから、水を張った容器に保冷剤や氷を入れて完全に冷却します。この2段階を踏んだほうが効果的に冷やせます。袋は完全に水に沈めますから、袋の中に水が入らないように袋止めクリップなどで密封して行います。また肉などから水分が出ていたら水を抜きますが、肉自体を袋から出して拭いたりしないでください。むしろ不衛生になるので厳禁です。

低温調理後は袋のまま冷却が原則。粗熱をとったら、氷などを用い一気に冷却する。

Q 9 低温調理法で作った料理は保存できますか?

いくつかの例外はありますが、基本的に保存が可能なように考えられたプロ向けのメソッドが低温調理（真空調理法）です。しかし、完全な真空状態をつくるのは難しい家庭での低温調理では、当日おいしく食べきることを優先しましょう。料理の保存は、多めに作ってしまったものや、まとめ調理を目的に低温調理したものにとどめるのが安心です。

まとめて作って保存することを前提に低温調理をする場合は、63℃以下での調理では、食材の加熱時間に滅菌目的の湯せん時間をプラスして、加熱時間を充分に長くとります。

Q 10 保存の方法は冷蔵と冷凍どちらがいいですか? また保存期間を教えてください。

冷蔵ならほとんどどれも問題ないですが、食材によっては冷凍NGのものがあります。じゃがいもは組織が壊れるので不向きです。また卵を使ったデザートも冷凍すると食味が低下するのでおすすめできません。

●保存の目安

【肉、魚などたんぱく質系の食材で作る料理】

（サラダチキン、ローストビーフ、ゆで豚など）

・冷蔵室（2～5℃）で2～3日

・チルド室（0℃）で4～5日

・冷凍室（－20～－18℃）で約1カ月。ただし、食材自体が冷凍品だったもの（海老など）は約1週間

【野菜主体の料理（95℃で低温調理するもの）】

・冷蔵室（2～5℃）、チルド室（0℃）で共に4～5日

・冷凍室（－20～－18℃）で約1カ月

※本書レシピには例外のものも一部あります。

Q 11 冷蔵・冷凍保存した料理のリヒート（温め直し）は?

繊細な火入れにこだわった低温調理の料理。袋ごと冷却して、冷蔵・冷凍したものを、食卓に出す時の再加熱がリヒートです。押さえておくべきポイントは以下のとおりです。

・冷製で食べるものはそのまま盛りつける。

・温製の料理は低温調理と同じ温度の湯せんで温め直す。

・塊の大きな食材は20～30分、小さいもの、薄いものなら10～15分。

・90℃以上の調理の野菜料理や煮込み肉などは、鍋に入れて直火で温めたり、電子レンジにかけるなどしてもよい。

以上は冷蔵保存のリヒートで、冷凍したものの解凍法は、できるだけ冷蔵室内でゆっくり自然解凍させます。急いでいる時は流水や氷水解凍でも。その後は冷蔵品と同様に扱います。

本書レシピのルール

低温調理器を用いるレシピを工程ごとにまとめています

下ごしらえ
材料に下味をつけて、食品用耐熱袋に仕込むまでの工程。レシピによっては火を使って下調理をする場合もあります。

↓

低温調理
家庭用低温調理器で湯せん調理する工程。予熱をかけ、湯せん器の水温が目標温度に達したら、袋を沈める。指定の調理時間は料理ができ上がってすぐ食べる場合です。保存目的なら、滅菌効果が期待できる加熱時間をさらにプラスします。

↓

仕上げ
袋から出したあとの調理工程。レシピによっては味つけをするもの、焼く・揚げる・グリルなどするものがあります。

↓

ソース、付け合わせ
必要に応じて紹介しています。

本書レシピの材料について

●バター：食塩不使用のもの。

●揚げ油／植物油：なたね油、ひまわり油、サラダ油など好みの植物性オイルで。

●E.V.オリーブ油：エクストラ・ヴァージン・オリーブ油。

●醤油：濃口醤油。淡口醤油は個々に記載。

●白こしょう／黒こしょう：それぞれこしょうを細かくひいたもの。粗びきの場合は個々に記載。

●だし汁：昆布＋削り節の基本のだし
[材料と作り方]鍋に昆布5gと水1ℓを入れて強火にかけ、80℃になったら削り節10gを入れて火を止める。1分おいて漉す。(低温調理での作り方はp.36参照)

●小さじ1は5ml、大さじ1は15ml、1カップは200mlです。

●フライパンはフッ素樹脂加工のものを使っています。

食品衛生の基礎知識《覚えておきたい温度帯》

細菌やウイルスの繁殖と死滅の温度帯	温度	食材の温度による変化
	℃	
	95	
	92	◀食物繊維破壊温度
	90	
ノロウイルスの死滅する温度▶	85	
腸管出血性大腸菌（O-157）の死滅する温度▶	75	◀動物性コラーゲン軟化開始（コラーゲンのゼラチン化）
サルモネラ菌の死滅する温度▶	70	
	68	◀動物性たんぱく質の脱水開始（肉が水分を失う）
	62	◀動物性たんぱく質の凝固開始（肉が柔らかさを失う）
カンピロバクターの死滅する温度▶	60	
	55	
	50	◀動物性たんぱく質変性開始（肉が噛みきりやすくなる）
一番注意が必要な温度帯	45	◀海洋性コラーゲンのゼラチン化（生魚の食感を失う）
	40	◀牛肉脂質の溶解開始（肉の脂が溶ける）
	5	
低温調理した料理の冷蔵保存は4℃以下で▶	4	
低温調理した料理の冷凍保存は−18℃以下で▶	−18	

参考資料：BONIQ Guide Book、『Cooking for Geeks』Jeff Potter（オライリー・ジャパン）、『いちばん親切でおいしい低温調理器レシピ』脇 雅世（世界文化社）

一番注意が必要な温度帯

細菌やウイルスは活発に増殖しやすい温度帯があります。
表中の各細菌の死滅温度は、瞬間殺菌の場合を示しています。
黄色帯で注意喚起している5～55℃の温度帯は、微生物が増殖し、毒素を生成しやすいため本来調理は避けるべき温度帯なのです。しかし、低温調理の考え方では、この低い温度帯でも時間をかけて加熱調理することにより細菌などが死滅（滅菌）するという方法をとっています。

Chapter 1

日本料理

「加熱温度の調整がぴたりと決まるから、
どんな素材の食感も思いのまま。
和食の繊細な火入れを叶えてくれます。
肉も魚も卵もですが、筍、山菜のアク抜きや
だしをとるのにもおすすめです」

野崎洋光

Hiromitsu Nozaki

分とく山

ベーシックレシピ［鶏肉］

鶏ハムのごま味噌がけ

サラダチキンも細身のロール状で低温調理してロースハム風に仕立てるのが野崎流。
ごま味噌で食べることを想定して塩味は控えめにしていますが、なくてもよいくらいです。
盛りつけは、ごま味噌と相性のよいゆでキャベツやきのこ、生のうども添えて、彩りと
食感を楽しみます。鶏ハムは酢味噌もおすすめ、またシナモンなどスパイスとも相性よしです。

材料（作りやすい分量）

鶏胸肉……250g
塩……少量

ごま味噌
　玉味噌
　　信州味噌……50g
　　みりん……大さじ1/2
　　酒……大さじ1/2
　　卵黄……1/3個分
　穀物酢……30ml
　練りごま（白）……20g

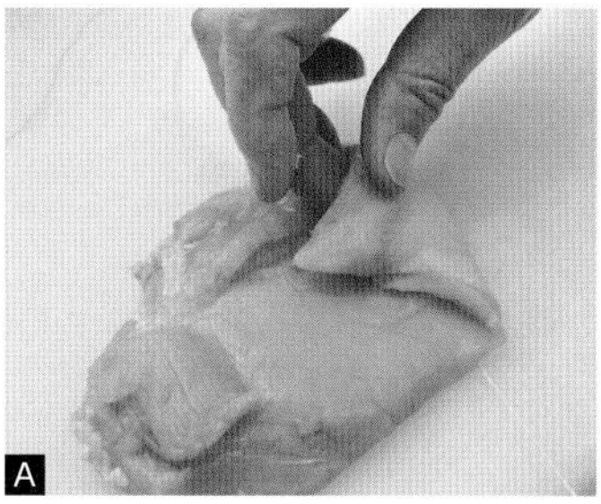
A

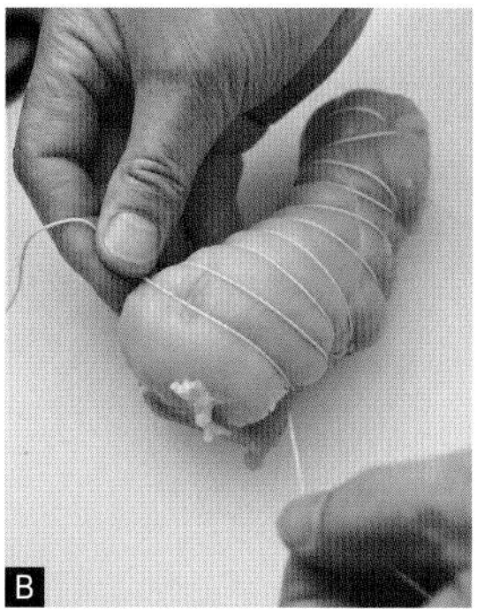
B

C

D

E

1 下ごしらえ

❶鶏胸肉の皮を除き、両面に軽く塩をふって30分やすませる。薄い部分を折りたたんで厚さを揃え（A）、ロール状に巻いてタコ糸で縛る（B）。

❷①を熱湯に30秒ほど浸けて霜降りし（C）、取り出したら（D）、水気をキッチンペーパーで拭く。食品用耐熱袋に入れる。

2 低温調理

低温調理の水槽を60℃に予熱する。水温が目標温度に達したら、鶏肉の入った袋を水槽に沈め、水圧法で脱気。封をして55分調理する（E）。

3 仕上げ

❶袋を湯から取り出し、氷水で急冷する。タコ糸をはずして鶏肉を輪切りにし、器に盛る。

❷ごま味噌を作る。小鍋に穀物酢を入れ、中火にかけて酸味を飛ばし、粗熱をとる。玉味噌の材料を鍋に入れ、弱火にかけてゴムべらで練り混ぜ、フツフツと沸いてから3分練る。火からおろして酢、練りごまの順に加えて、そのつどよく練り混ぜる。器に入れて添える。

付け合わせ

塩ゆでしたキャベツとしめじ、生うど。

キャベツは塩ゆで後、水気を拭いてすだれに重ねて巻き、しばらくおいて水気をきりながら形を整える。

◆保存は袋のまま氷水で冷却後、冷蔵室で2〜3日、チルド室で4〜5日、冷凍で1カ月。リヒート（60℃ 10〜15分）して用いる。

ベーシックレシピ［牛肉］

和風ローストビーフ

しっとりと和風に仕立てたローストビーフ。
醤油、酒、水を合わせた煮汁で低温調理し、牛肉に香りと味を含ませます。
牛の塊肉は最初に全体に軽く焼き色をつけますが、
野崎式では、もうひと技をプラス。湯でさっと霜降りして脂分を落としてから
低温調理していきます。「最初に焼くと肉の形が引き締まって整い、さっぱりと食べられるのが利点。
200gの大きさなら1時間で手早く作れますよ」。

材料（作りやすい分量）
牛ランプ肉（塊肉）……200g
塩……0.2〜0.4g（牛肉の重量の0.1〜0.2%）
ⓐ 醤油……15ml
　酒……45ml
　水……30ml
たれ用
　大葉（せん切り）……5枚分
　長ねぎ（粗みじん切り）……1/2本分
　水あめ……大さじ1
黄身おろし
　卵黄……1個分
　大根おろし（軽く水気を絞ったもの）……70g

1 下ごしらえ

❶調味液を用意する。ⓐを小鍋に合わせてひと煮立ちさせ、酒のアルコール分を飛ばして粗熱をとる。

❷牛ランプ肉の全面に塩をふって30分やすませる（A）。フライパンに入れて強火にかけ、一面ずつ焼いてすべての面に軽く焼き色をつける（B）。

❸②を熱湯に30秒ほど浸けて霜降りし（C）、取り出して（D）、水気をキッチンペーパーで拭く。食品用耐熱袋に入れ、①を加える（E）。

2 低温調理

低温調理の水槽を60℃に予熱する。水温が目標温度に達したら、牛肉の入った袋を水槽に沈め、水圧法で脱気。封をして1時間調理する（F）。

3 仕上げ

❶袋を湯から引きあげ、氷水で急冷する。牛肉はバットに取り出して、袋の煮汁は煮詰めてたれに用いる。

❷たれを作る。①の煮汁をフライパンにあけて強火で沸騰させ、大葉と長ねぎを加えてひと煮立ちさせる。アクを取り、水あめを加えて混ぜながら溶かし、小さい器に注ぐ。
水あめは保湿力があって冷めるととろみがつくので、牛肉に絡みやすくなる。

❸牛肉を薄く切り分けて器に盛る。

❹卵黄と大根おろしを混ぜて黄身おろしを作り、添える。

付け合わせ

塩ゆでしたじゃがいも、湯通しした生わかめ、大葉、クレソン、すだち。

◆保存は袋のまま氷水で冷却後、冷蔵室で2〜3日、チルド室で4〜5日、冷凍で1カ月。リヒート（60℃ 10〜15分）して用いる。

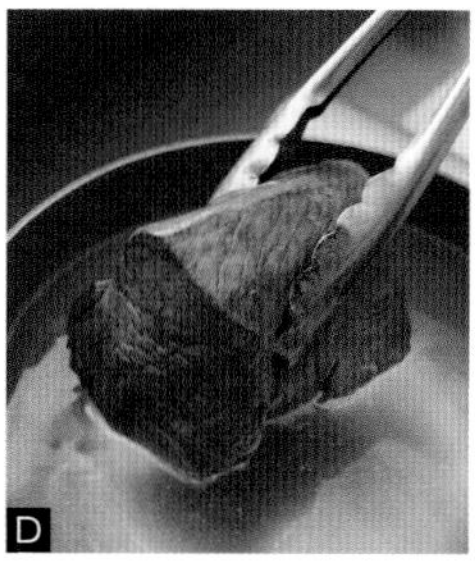

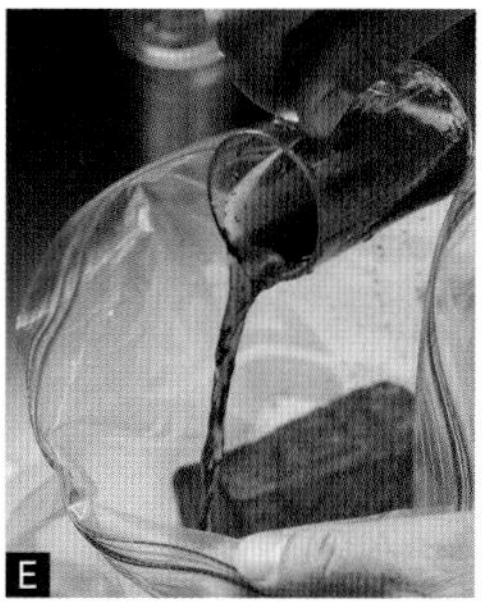

たれは煮汁を使って

「牛肉と一緒に低温調理した煮汁は、旨みも出ているから捨てないで！　これがおいしいたれになるんです。でも必ず一度煮立ててアクを取って」と野﨑さん。大葉や長ねぎなどを入れ、肉に絡みやすいよう水あめでとろみをつける。

黄身おろし

黄身おろしは文字通り、生の卵黄と大根おろしを合わせたもの。牛肉のオイル焼きやすき焼きなどにぴったりで、色も鮮やか。肉のしつこさをやわらげ、あっさりと食べられるプロの薬味。

ベーシックレシピ［豚肉］

ゆで豚

ロース肉の塊を風味豊かに低温調理したゆで豚。美しいピンク色の切り口、しっとりした口当たりは、まさに低温調理ならでは。野﨑さんのレシピは、淡口醤油と酒を水でのばした薄味の煮汁と共に低温調理するもので、和風ハムの趣。前菜、サラダやラーメンなど、いろいろに楽しめますが、好みの切り方でパーティープレートにしてポン酢を添えました。

材料（作りやすい分量）

豚ロース肉（塊肉）……500g

塩……0.5～1g（豚肉の重量の0.1～0.2％）

ⓐ ┌ 淡口醤油……50ml
　 │ 酒……50ml
　 └ 水……500ml

簡単ポン酢

醤油……大さじ3

オレンジの果汁*……大さじ3

穀物酢……大さじ2

ごま油……少量

＊柑橘の搾り汁を加えると、酸味がまろやかになり食べやすい。みかんの果汁でも。ポン酢の代わりに生姜醤油も合う。

1 下ごしらえ

❶調味液を用意する。ⓐを小鍋に合わせ、ひと煮立ちさせて酒のアルコール分を飛ばし、粗熱をとる。

❷豚ロース肉の全面に塩をふり、1時間やすませる（A）。

❸豚肉は熱湯に30秒ほど浸けて霜降りし（B）、アクと塩を取って水気をキッチンペーパーで拭く。食品用耐熱袋に入れて①を加える（C、D）。

2 低温調理

低温調理の水槽を65℃に予熱する。水温が目標温度に達したら、豚肉の入った袋を水槽に沈め、水圧法で脱気。封をして60～70分調理する（E）。

3 仕上げ

❶袋を湯から取り出し、氷水で急冷する。豚肉を薄切りや角切りなど好みの形に切り分けて盛る。

❷簡単ポン酢を作る。穀物酢を小鍋に入れてひと煮立ちさせ、酸味を飛ばして粗熱をとる。残りの材料と合わせてよく混ぜ、小さい器に入れて添える。

付け合わせ

塩ゆでしたブロッコリ、しめじ、ヤングコーンと生のラディッシュ。

◆保存は袋のまま氷水で冷却後、冷蔵室で2～3日、チルド室で4～5日、冷凍で1カ月。リヒート（65℃ 10～15分）して用いる。

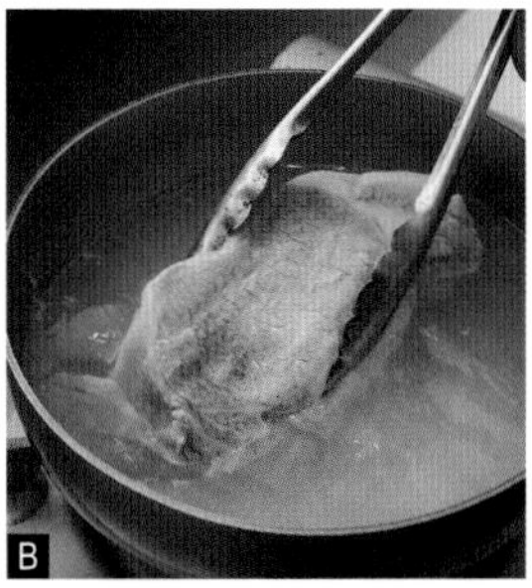

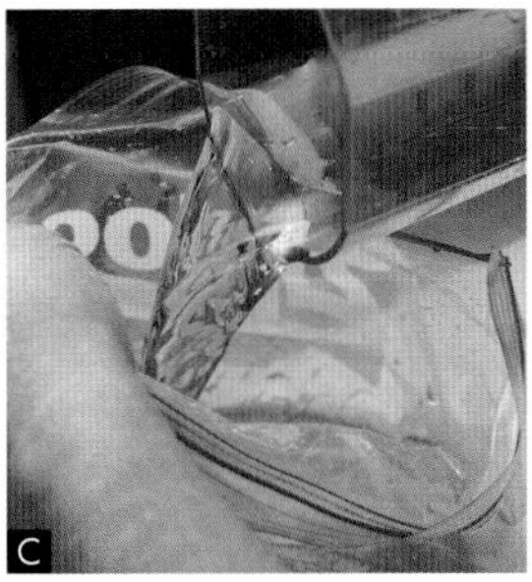

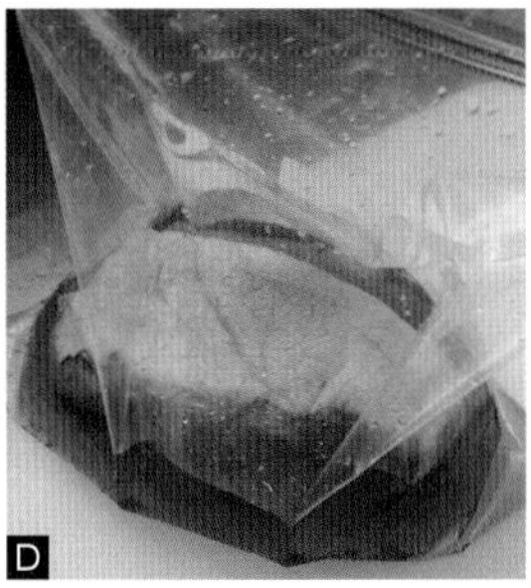

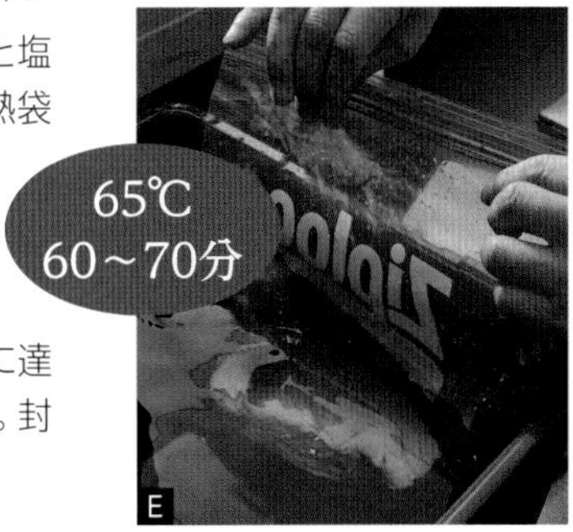

調味液で低温調理した豚肉は一見するといたって地味だが、包丁で切ると断面はピンク色で、質感も驚くほどしっとり。

水圧法で脱気した時は

低温調理用の袋は耐熱性のあるダブルジッパーのフリーザーバッグが扱いやすい。食材を、調味液と一緒に入れた場合は水圧法で空気を抜く。袋の口を閉めずにジッパーの部分だけが水面から出るように袋を水槽に沈めると、水圧によって大部分の空気は袋から追い出される。調味液がジッパーのすぐ下まで上がってきたら、ジッパーを閉じ、袋の上部を水槽の縁にかけ、クリップで留める。

鴨肉の酢煮

風味が濃く脂分の多い鴨肉を、さっぱりと食べるために野崎さんが考案した「酢煮」。
酢の酸味とかつおだしの旨みを生かした調味液で低温調理します。
鴨肉は事前に脂身を薄くそぎ、フライパンで焼いて余分な脂分を抜くこともポイント。
弾力のある赤身が１時間の低温調理で、柔らかくしっとりと煮上がります。

材料（４人分）

鴨胸肉……１枚（370g）
ⓐ ┌ だし汁（p.12）……60ml
　 │ 淡口醤油……20ml
　 │ みりん……20ml
　 │ 穀物酢……40ml
　 └ 赤唐辛子……少量
きゅうりおろし
　きゅうり……１本、煮汁……適量
芥子……適量

A

B

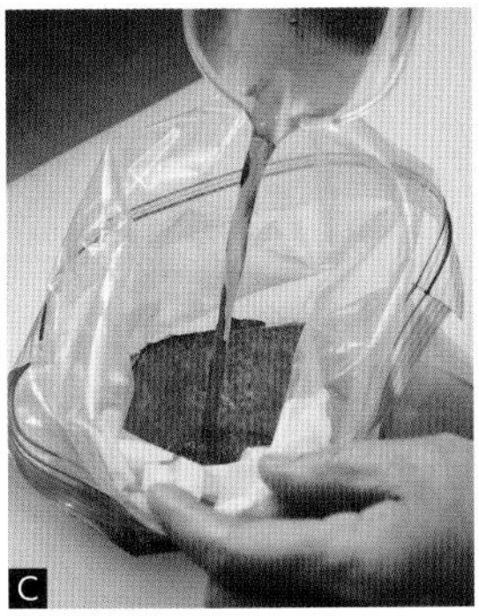
C

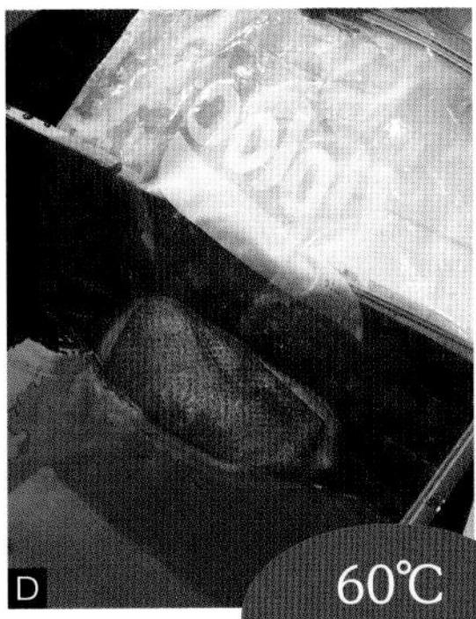
D

60℃
1時間

さっぱり味に仕上げた鴨肉にはきゅうりおろしのほか、大根おろし、セロリおろしなど、野菜のさわやかな風味が合う。

1 下ごしらえ

❶調味液を用意する。ⓐを小鍋に合わせ、ひと煮立ちさせてみりんのアルコール分と酢の酸味を飛ばし、粗熱をとる。

❷鴨胸肉の皮を全体に薄くそぐ。フライパンに皮面を下にして入れ、強火で香ばしい焼き色をつけながら、余分な脂を抜く。裏返して身の面もさっと焼く（A）。

脂身に細かく切り目を入れる方法もあるが、薄くそいでも脂が抜けやすく、火も通りやすい。

❸②を熱湯に30秒ほど浸けて霜降りし（B）、水気をキッチンペーパーで拭く。食品用耐熱袋に入れて①を加える（C）。

2 低温調理

低温調理の水槽を60℃に予熱する。水温が目標温度に達したら、鴨肉の入った袋を水槽に沈め、水圧法で脱気。封をして１時間調理する（D）。

3 仕上げ

❶袋を湯から引きあげ、氷水で急冷する。鴨肉はバットに取り出して、袋の煮汁はきゅうりおろしに用いる。

❷きゅうりおろしを作る。きゅうりは皮ごとすりおろして水気を軽く絞り、①の煮汁を適量混ぜる。

時間がたつときゅうりの鮮やかな緑色が退色するので、食べる直前に作る。

❸鴨肉を薄切りにして器に盛り、②と芥子を添える。

付け合わせ

ミックス野菜（大葉、長ねぎ、赤・黄パプリカ）。

せん切りにしたものを冷水にさらしてパリッとさせ、水気をきる。

◆保存は袋のまま氷水で冷却後、冷蔵室で２～3日、チルド室で４～5日、冷凍で１カ月。リヒート（60℃ 10～15分）して用いる。

鮑《あわび》の肝マヨネーズ

あわびを柔らかく蒸すのに、大根おろしを蓋のようにあわびにのせて調理する方法を推奨してきた野﨑さん。「それも目的は低温をキープするため。あわびは高温で蒸すと硬くなる。
でも、低温調理器を使えば、大根なしでも断然柔らかく、確実においしく仕上がります」。あわびはそれ自体が旨みの宝庫なので、味付けは濃度0.8%分の塩だけ。殻にも栄養分や風味があるので、殻付きで調理を。

材料（4人分）
あわび（殻付きで120g）……4個
塩（塩みがき用）……適量
ⓐ ┌ 水……100ml
　 └ 塩……0.8g（食塩濃度0.8%）
肝マヨネーズ
　あわびの肝……4個
　マヨネーズ……肝の重量の1/2量

1 下ごしらえ

❶殻付きのあわびに塩をふり、タワシでみがいて汚れを取る。きれいに水洗いして水気をキッチンペーパーで拭く。
❷ⓐを合わせて塩を溶かす。
❸あわびを殻ごと食品用耐熱袋に入れ、②を加える（A）。

A

2 低温調理

低温調理の水槽を60℃に予熱する。水温が目標温度に達したら、あわびの入った袋を水槽に沈め、水圧法で脱気。封をして1時間30分調理する（B）。

B

3 仕上げ

❶袋を湯から取り出し、氷水で急冷する。あわびの殻をはずして肝とひもも除く。身を食べやすく切って殻に盛る。
❷①の肝を電子レンジ（600W）に40秒かけて完全に火を入れて裏漉しし、マヨネーズでのばす（C）。①に添える。

付け合わせ

塩ゆでしたかぶ。

◆当日食べきるのが基本。ただし冷凍保存は可能。低温調理後に袋のまま氷水で冷却後、冷凍で1〜2日ほど。リヒート（60℃ 15分）して用いる。

C

あわびの肝は旨みがたっぷり。低温調理後にはずし、電子レンジで再加熱してから、漉してマヨネーズと和える。海苔をきざんで混ぜるとさらに絶品に。

Idea!

「小さめのあわびで安価なものが手に入ったらぜひ試してください。でも、とこぶしではダメ。種類が違うのでこうはならない。肝をのばすのもマヨネーズでOK。プロの味わいになりますよ」と野﨑さん。

水蛸《みずだこ》のほうじ茶煮

店でお出ししている半生のたこ刺し。
ほうじ茶と醤油の調味液で低温調理すると
香ばしさと淡い色がつき、味に深みも。
生の真だこでもおいしく作れます。

材料（4人分）

水だこの足……2本（340g）
塩……1.7g（水だこの重量の0.5%）
ⓐ 水……200ml
　 ほうじ茶（茶葉）……10g
　 醤油……20ml
おろしわさび……適量

1 下ごしらえ

❶調味液を用意する。ⓐの水を沸かしてほうじ茶を入れ、5分ほど蒸らす。漉して醤油を加え、粗熱をとる。

❷水だこに塩（分量の1/2）をふってもみ、ぬめりを取る。水洗いして残りの塩でもう一度塩もみをし、水洗いする。熱湯に30秒ほど浸けて霜降りし、水気をキッチンペーパーで拭く。食品用耐熱袋に入れ、①を加える（A）。

2 低温調理

58℃
30〜40分

低温調理の水槽を58℃に予熱する。水温が目標温度に達したら、たこの入った袋を水槽に沈め、水圧法で脱気。封をして細身の足なら30分、太い場合は40分調理する（B）。

3 仕上げ

袋を湯から取り出し、氷水で急冷する。たこを薄く切って器に盛り、わさびを添える。

付け合わせ

焼ききゅうり（縦に厚めに切り、両面を焼く）、湯通しした生わかめ、塩ゆでした絹さや。

◆当日食べきるのが基本。ただし、冷凍保存は可能。低温調理後に袋のまま氷水で冷却後、冷凍で1〜2日ほど。リヒート（58℃ 10分）して用いる。

A

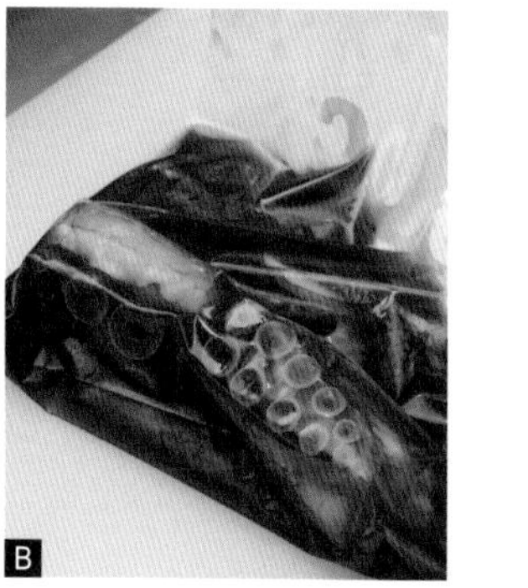

B

なると烏《い》賊《か》

一見、生いかのようですが、低温調理にかけることで
ねっとりした食感と甘みを高めています。
味の相性のよい海苔を重ね、ロール状に巻いて湯せんに。
輪切りにすればきれいな渦巻き模様ができます。

材料（2人分）
するめいか（上身）……1枚
焼き海苔……1枚
おろし生姜、刺身醤油……各適量

1 下ごしらえ

❶するめいかは皮をむく。50℃の湯で洗ってぬめりや生臭みを取ったのち、氷水で洗って水気をキッチンペーパーで拭く。

❷①を長方形に切り整え、皮の面に縦方向に約5mm幅の切り目を入れる。海苔をいかの大きさに合わせて切り、いかの切り目を下にして重ねる。横長に置いてきつめにロール状に巻き、タコ糸で数か所を縛る（A、B）。食品用耐熱袋に入れる。

58℃
30分

2 低温調理

低温調理の水槽を58℃に予熱する。水温が目標温度に達したら、いかの入った袋を水槽に沈め、水圧法で脱気。封をして30分調理する。

3 仕上げ

袋を湯から取り出し、氷水で急冷する。いかを1cm幅の輪切りにして器に盛り、おろし生姜と刺身醤油を添える。

付け合わせ

新生姜の飾り切り、大葉。

◆当日食べきる。

A

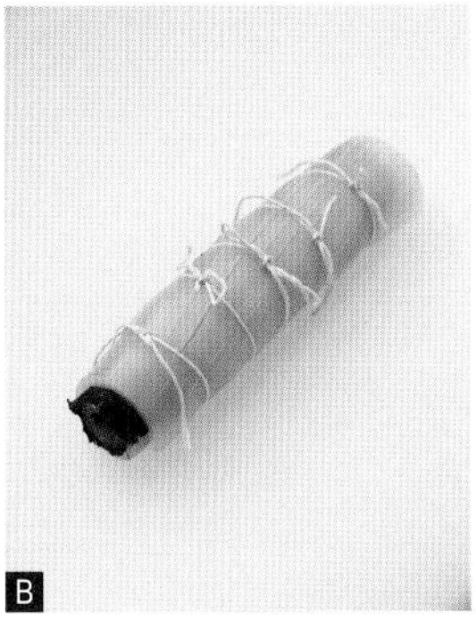

B

鰆《さわら》の淡煮《あわに》

「煮魚は醤油で黒々と煮締まっているものというイメージがありますが、それを刷新したいですね」と野﨑さんが提案するのが「淡煮」。あっさりした薄い味つけで、時間をかけずにさっと煮上げる新しい魚の煮方です。
「低温調理ならわずか15分で、味が充分にしみ込みます。しかも煮崩れの心配ゼロ。
食感はしっとりと柔らかさがキープされていて、これこそが低温調理の特長なんですよ」。

材料（2人分）
さわら（切り身、50g）……2枚
塩……適量
ⓐ ┌淡口醤油……10ml
　 │酒……10ml
　 └水……100ml
椎茸、長ねぎ……各適量

1 下ごしらえ

❶調味液を用意する。ⓐを小鍋に合わせ、ひと煮立ちさせて酒のアルコール分を飛ばし、粗熱をとる。

❷さわらの片面に塩をふって30分やすませる（A）。熱湯に10秒ほど浸けて霜降りし（B）、すぐに氷水にとってぬめりや汚れを取る。水気をキッチンペーパーで拭く。

❸椎茸を熱湯でさっと湯通しし、長ねぎは5cm長さに切って両面に斜めの切り込みを数本入れる。

❹②のさわらと③を食品用耐熱袋に入れ（C）、①を注ぐ（D）。

2 低温調理

低温調理の水槽を80℃に予熱する。水温が目標温度に達したら、さわらの入った袋を水槽に沈め、水圧法で脱気。封をして15分調理する。

3 仕上げ

袋を湯から取り出し、さわらを椎茸、長ねぎ、煮汁と共に器に盛る。

付け合わせ

塩ゆでした絹さや、木の芽。

◆保存は袋のまま氷水で冷却後、冷蔵室で2～3日、チルド室で4～5日、冷凍で1カ月。リヒート（80℃ 10分）して用いる。

Idea!

魚は金目鯛、鯛などでもおいしいです。さわらの袋に、ねぎや椎茸も一緒に入れましたが、におい消しの目的もあります。封をしたまま煮るので、魚のにおいがこもりがちです。低温調理前に魚を霜降りするのもそうしたことを抑えてくれます。

A

B

C

D

筍

野﨑さんの低温調理活用法、そのとっておきは筍。筍のアク抜きと下ゆでに低温調理器を使います。
「通常は米ぬかと大根おろしの二段階でアクを抜きますが、ふたつを混ぜて同時にアク抜き。
50℃設定なのでぬかと大根おろしの酵素が熱で壊れることがなく、えぐみをしっかり除いてくれます。
それでいて香りと味には野性味が健在。どんな料理に発展させても、風味が生き生きしています」。

Arrange
筍の天ぷら

Arrange
筍ごはん

アク抜きと下ゆで

材料（作りやすい分量）

筍（生）……300g

ⓐ ┌ 大根おろしの汁*……300ml
│ 米ぬか……20g
│ 塩……5g（液体分の1%）
└ 水……200ml

＊大根おろしをザルで漉して汁を使う。

1 下ごしらえ

❶筍の皮をむいて身を取り出し、調理しやすい大きさに切り分ける。

❷食品用耐熱袋にⓐを入れてよく混ぜ、筍を入れる（A、B）。

2 低温調理

低温調理の水槽を50℃に予熱する。水温が目標温度に達したら、筍の入った袋を水槽に沈め、水圧法で脱気。封をして1時間調理する（C）。

3 仕上げ

袋を湯から引きあげ、筍を取り出して水洗いし、ぬかの汚れを取る。水に5分さらしてさらにアクを抜く。

◆アクを抜いた筍は保存容器（または袋）に浸かる程度の水と共に入れて密封し、冷蔵保存する。保存の目安は1週間。使い切るまで水は毎日交換し、鮮度を保つ。冷凍保存は1カ月ほど。筍は水気をしっかり拭き取り、厚さ5mm以下に切って冷凍用保存袋に入れる。袋はできるだけ平らな状態に整えるとよい。

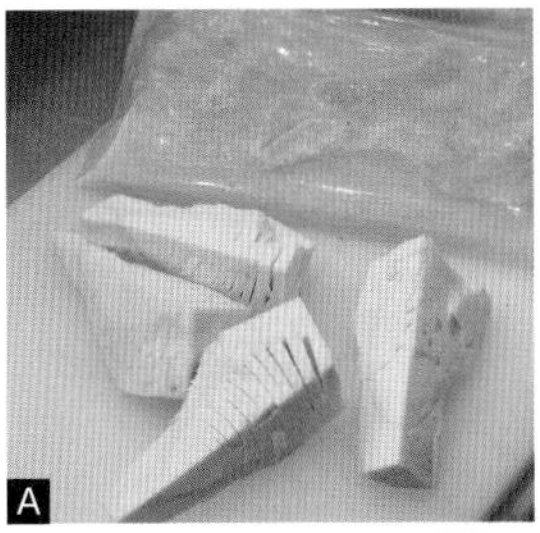

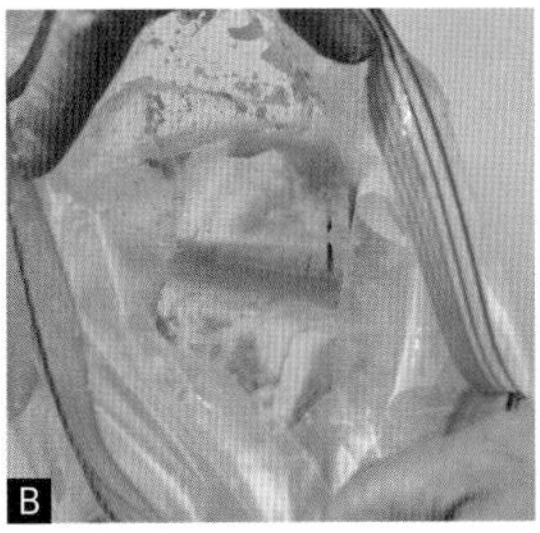

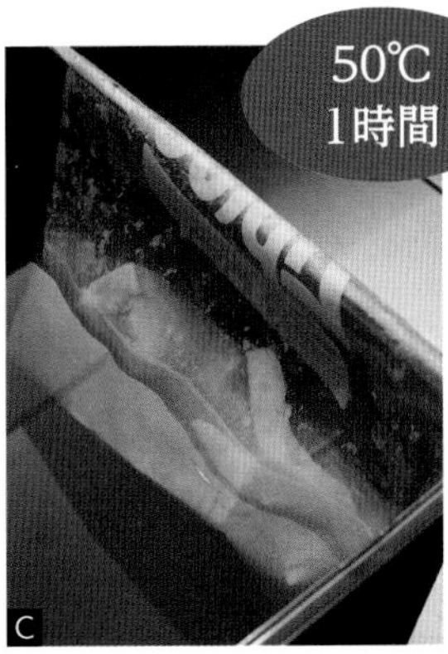

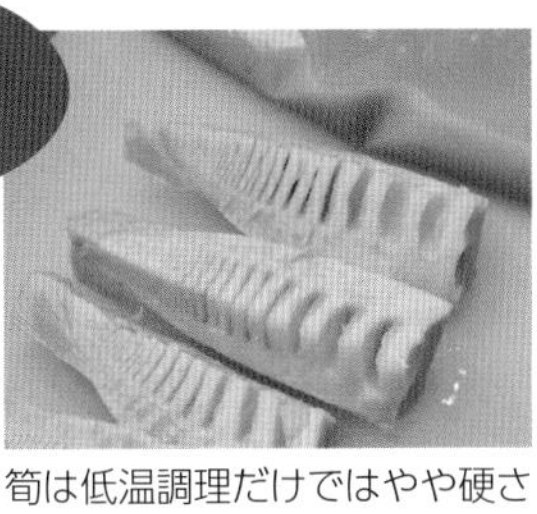

筍は低温調理だけではやや硬さが残るが、天ぷらやごはんなど展開料理で加熱されるので心配なし。わらびなどの山菜やずいきのアク抜きにも応用できる。

Arrange

筍の天ぷら

材料

筍（低温調理したもの）……適量

ししとう……適量

ころも

　薄力粉……100g、水……50ml

揚げ油、塩……各適量

作り方

❶筍を食べやすい大きさに切る。ころもの材料を混ぜて筍にまぶし、160℃の油で揚げる。器に盛り、塩をふる。

❷ししとうを素揚げにして添える。

Arrange

筍ごはん

材料（3人分）

筍（低温調理したもの）……250g

油揚げ……1枚

米……2合

ⓐ ┌ 水……300ml
│ 淡口醤油……30ml
└ 酒……30ml

木の芽……適量

作り方

❶米を水洗いして15分間水に浸け、ザルに上げて15分間おく。

❷筍は水洗いして食べやすい大きさの薄切りにする。鍋に入れ、浸かるくらいの量の水（分量外）を加え、強火にかけ、沸騰したら1分ゆでてぬか臭さや残ったえぐみを取る。

❸油揚げをフードプロセッサーなどでみじん切りにする。

油揚げは細かく切ったほうが、コクが出る。また、ごはんがほぐれやすくなり、油揚げとよくなじむ。最近は油の質がよいので湯で油抜きする必要はない。

❹①〜③を炊飯器に入れ、ⓐを加えて混ぜ合わせ、炊く。

❺ごはんをほぐして碗に盛り、木の芽を添える。

Idea!

筍を煮物にする場合は、だし汁1ℓに対して塩小さじ1、淡口醤油小さじ2、酒小さじ1の調味液で煮含めます。

また、筍ごはんは、袋ごと低温調理器で作る方法もあります。ジッパー付きの食品耐熱袋に米、具、調味液を入れて、95℃で湯せん調理。30分ほどで完成します。

鶏の和風拉麺《ラーメン》

「お客さまと麺スープの話になり、ラーメンを即興でお出ししたことがあるんです。ラーメン店のプロが作るのは肉ベースのだしと煮干しだしのダブル使い。だったら両方いっぺんにだしをとってやろうと、低温調理器を使いました」。野﨑さんの自由で柔らかい発想がこのレシピの出発点。鶏もも肉を、和のだし素材たっぷりのスープ煮にすれば、麺にぴったりの濃厚スープも鶏チャーシューも同時にできる！ というわけです。

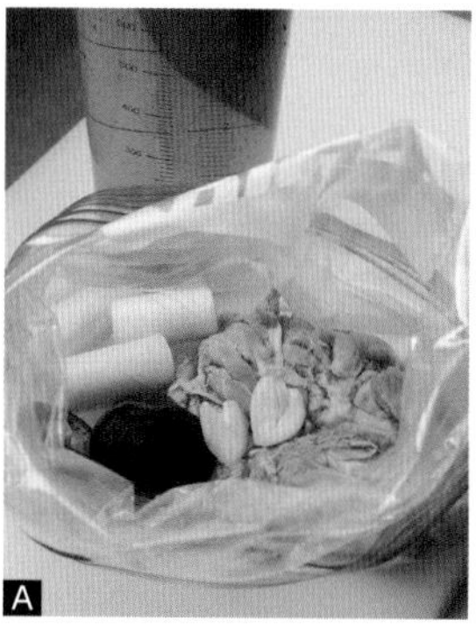

A

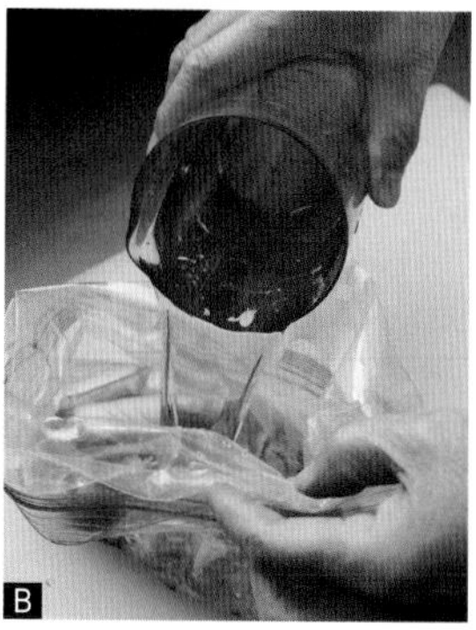

B

材料（作りやすい分量）

鶏もも肉……300g（1枚）

ⓐ［水……800ml
　淡口醤油……70ml
　酒……20ml

ⓑ［煮干し*……5g
　削り節……5g
　昆布……5g
　にんにく（薄切り）……3枚

塩……適量

椎茸、長ねぎ、にら、大葉、焼き海苔、ラー油
　……各適量

そうめん*……人数分

＊煮干しは頭と腹ワタを取り2つに開いておく。

＊麺は好みのものを。中華麺（細麺）や稲庭うどんなどもおいしい。

1 下ごしらえ

❶ⓐを小鍋に合わせてひと煮立ちさせ、酒のアルコール分を飛ばして粗熱をとる。

❷椎茸を熱湯でさっと湯通しし、長ねぎは5cm長さに切って両面に斜めの切り込みを数本入れる。

❸鶏もも肉を熱湯に30秒ほど浸けて霜降りし、水気をキッチンペーパーで拭く。食品用耐熱袋に入れ、①、②とⓑを加える（A、B）。

2 低温調理

低温調理の水槽を80℃に予熱する。水温が目標温度に達したら、鶏肉の入った袋を水槽に沈め、水圧法で脱気。封をして30分調理する（C、D）。

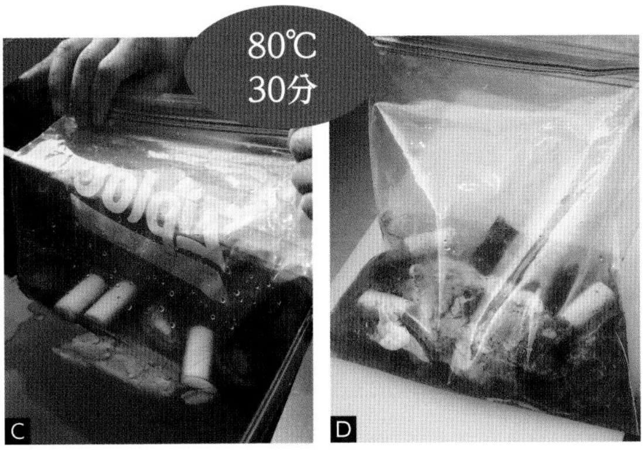

3 仕上げ

❶袋を湯から取り出し、鶏肉は厚めに切り分ける。煮汁を漉して鍋にとり、5cm長さに切ったにらを加え、温める。塩で味をととのえる。

❷そうめんを袋の表示時間通りにゆで、湯をきる。

❸②を丼に盛って①のスープを張り、鶏肉、椎茸、長ねぎと、大葉、海苔をのせてラー油を少量たらす。

◆保存は袋のまま氷水で冷却後、冷蔵室で1～2日、チルド室で2～3日、冷凍で1カ月。リヒート（80℃ 15分）して用いる。

温泉卵

プロなればこそ、卵料理ひとつにもこだわりが。和食では瓢亭卵がつとに有名ですが、卵も調理次第で料理はぐっと格上げされます。「ねっとり固まった黄身を、半熟状のとろりとした白身が包む温泉卵。一定温度を確実にキープできる低温調理だからこそ、失敗なく美しくでき上がります。そこから発展する小さな料理を考えるのも楽しいですよ」。

材料（作りやすい分量）
全卵……5個

1 下ごしらえ

卵は室温にもどしておく。食品用耐熱袋に、卵が浸かるくらいの量の水（分量外）と共に入れる（A）。

2 低温調理

低温調理の水槽（常温の水）に卵の入った袋を沈め、水圧法で脱気し封をする。65℃に設定する。水温が目標温度に達してから20分調理する（B）。

3 仕上げ

袋は時間がきたらすぐに取り出す。卵は余熱で火が入らないよう、冷水に浸けておく。殻を割ったでき上がりの温泉卵（C）。

◆保存は袋のまま氷水で冷却後、冷蔵室で1〜2日、チルド室で2〜3日、冷凍は不可。

A

袋にも水を入れておけば、それが緩衝材となって殻が割れにくくなる。また、卵が直接温水で覆われるので熱伝導がよく、均一な火入れができる。

B

C

Arrange
温泉卵と鶏肉の親子丼

材料（1人分）
温泉卵……1個
鶏もも肉（p.30。低温調理したもの、厚切り）……5切れ
三つ葉、きざみ海苔……各適量
煮汁
　ⓐ ┌だし汁（p.12）……120ml
　　 │みりん……15ml
　　 └醤油……15ml
　水溶き片栗粉……片栗粉小さじ1強を水小さじ2で溶く
ごはん……適量

作り方

❶温泉卵は殻を割り、ボウルなどに取り出す。

❷鍋に煮汁用のⓐを入れて強火にかけて沸かす。三つ葉をきざんで入れ、軽く火を通してから、水溶き片栗粉を加えてとろみをつける。

❸丼にごはんを盛り、②の煮汁をかける。温泉卵と鶏肉をのせ、きざみ海苔を添える。

Arrange
彩り温泉卵

グラス盛りは、フルート型のシャンパングラスなら
野菜と温泉卵の層がきれいに出ます。量も手ごろ。

作り方

❶温泉卵は殻を割り、縦長のグラスに入れる。

アルミホイルを小さな長方形に折ってグラスに斜めに差し、殻を割った温泉卵をすべらせると、簡単にグラスに入れられる。

❷温泉卵の上にオクラとトマトを重ね、よく冷やした八方だしを少量注ぐ。残りの小角切りの野菜を混ぜて盛り、わさび菜とおろし生姜を添える。

材料（1人分）

温泉卵……1個
好みの野菜
　オクラ（小口切り*）、トマト、長いも、きゅうり、
　ラディッシュ（以上小角切り）、
　わさび菜（葉を小さくつむ）、おろし生姜……各適量
八方だし*（作りやすい分量）
　だし汁（p.12）……100ml
　みりん……25ml
　淡口醤油……25ml
　削り節（追いがつお用）……2g

*オクラは塩をふって板ずりし、水洗いしてさっと湯通しして切る。
*八方だしは、材料を鍋に合わせてひと沸かしし、漉す。

デザート2品

そら豆の蜜煮

そら豆を白蜜に浸けて低温調理し、デザート仕立てに。煮崩れせず、柔らかくなる80℃で作ります。黒蜜の寒天寄せを添えて。

ふんわりした柔らかな食感が卵豆腐を思わせる和風チーズケーキ。安定のなめらかさは低温調理の力。容器はお好みで。

酪《らく》豆《どう》腐《ふ》

そら豆の蜜煮

材料（2人分）

そら豆（さやと薄皮をむいたもの）……50g
白蜜
　上白糖……50g、水……100ml
オレンジの果汁……適量

1 下ごしらえ

❶そら豆は塩（分量外）を加えた湯でさっと湯通しし、水気をキッチンペーパーで拭く。

❷白蜜を作る。鍋に白蜜の材料を入れて強火にかけ、砂糖が溶けたら粗熱をとる。

❸①と②を食品用耐熱袋に入れる。

2 低温調理

低温調理の水槽を80℃に予熱する。水温が日標温度に達したら、そら豆の入った袋を水槽に沈め、水圧法で脱気。封をして10分調理する。

3 仕上げ

袋を湯から取り出し、氷水で急冷する。そら豆を白蜜ごと黒蜜の寒天寄せ（右記）と共に器に盛り、オレンジの果汁をたらす。

◆保存は袋のまま氷水で冷却後、冷蔵室で1～2日、チルド室で2～3日。

黒蜜の寒天寄せ

材料（作りやすい分量）

ⓐ［黒砂糖……80g
　 中ざら糖……80g
　 水……100ml
　 穀物酢……大さじ1
水あめ……大さじ2
粉寒天……2g

作り方

❶鍋にⓐを入れて中火にかけ、混ぜながら砂糖を溶かし、酢の酸味を飛ばす。2割ほど煮詰めて水あめと寒天を加え、混ぜながら2分ほど煮る。漉しながら、水でぬらした流し函に注ぐ。

❷氷水をあてて粗熱をとり、冷蔵室で10分冷やし固める。型からはずして1cm角に切る。

酪豆腐

材料（2人分）

クリームチーズ*……100g
上白糖……30g
全卵……2個
牛乳……150ml

＊クリームチーズは室温にもどすか、湯せん、電子レンジなどで柔らかくしておく。

1 下ごしらえ

ボウルにクリームチーズと上白糖を入れてよく混ぜ、なじんだら卵と牛乳を加えて混ぜる。漉して容器に注ぐ。

容器に専用の蓋があればかぶせる。蓋付きの保存瓶を利用するのも便利。

2 低温調理

低温調理の水槽に水深が調整できる台を作り、85℃に予熱する。水温が目標温度に達したら、生地を入れた容器を台にのせ、20分調理する。

生地の高さの8割が湯に浸かるように、水槽の湯量を加減するか、水槽内に台を作って水深を調整する。容器の蓋がないときは、生地がこぼれたり水分がかかったりしないように注意。ラップをかけてもよい。

3 仕上げ

容器を湯から取り出し、氷水で急冷する（蓋のない容器の場合は粗熱をとって冷蔵室で冷やす）。

◆保存は氷水で冷却後、冷蔵室で1～2日、チルド室で2～3日。

低温調理でもっと手軽に［だし］

和食のベースとなる「昆布だし」は水出しもよく使われますが、熱を少し加えないと
昆布の風味を生かしきれません。温度と時間を簡単にコントロールできる低温調理は、
このだし作りでも力を発揮。60℃設定で30分おいておくだけで、えぐみや渋みのない、
上品な甘みと旨みが引き出され、確実においしいだしが作れます。
干し椎茸も同様にできますが、最初にもどした汁は捨てて新しい水で1時間火を入れます。
どちらも約10倍に濃くとるレシピ。小分けで冷凍し、使うたびに水で薄めれば長くもたせられます。

低温調理で作る
昆布だし

材料（作りやすい分量）※薄めて使う。

昆布……50g、水……1ℓ

作り方

❶昆布を約10cm大に切り分け、分量の水と共に食品用耐熱袋に入れる。

❷低温調理の水槽を60℃に予熱する。水温が目標温度に達したら、昆布の入った袋を水槽に沈め、水圧法で脱気。封をして30〜40分調理する。

❸だしを容器に移し、粗熱をとって冷蔵室で保存する（5日間を目安に使い切る。小分けにして冷凍してもよい）。

残った昆布は細かくきざんでポン酢に漬ける。コリコリした歯ごたえの「食べる調味料」になるので、いろいろな野菜のお浸しと和えるとよい。

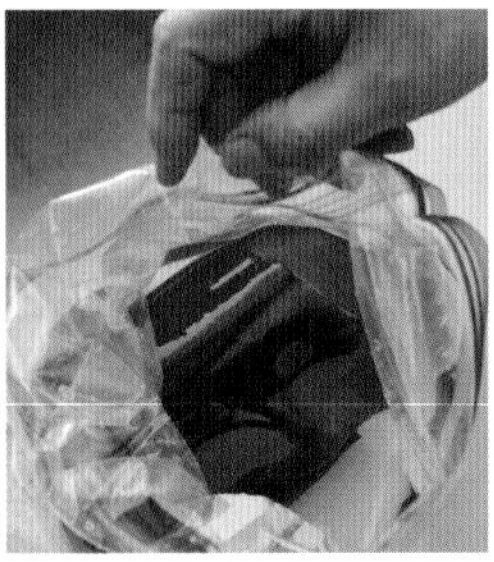

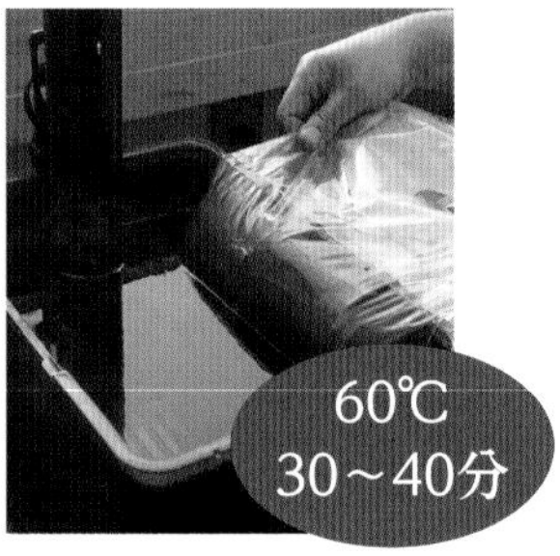

低温調理で作る
椎茸だし

材料（作りやすい分量）※薄めて使う。

干し椎茸……50g、水……1ℓ

作り方

❶干し椎茸を、浸かるくらいの量の水（分量外）に30分浸けてもどす。もどし汁は捨て、椎茸のみを分量の水と共に食品用耐熱袋に入れる。

❷低温調理の水槽を60℃に予熱する。水温が目標温度に達したら、椎茸の入った袋を水槽に沈め、水圧法で脱気。封をして1時間調理する。

❸だしを容器に移し、粗熱をとって冷蔵室で保存する（5日間を目安に使い切る。小分けにして冷凍してもよい）。

残った椎茸は、他の料理に利用する。

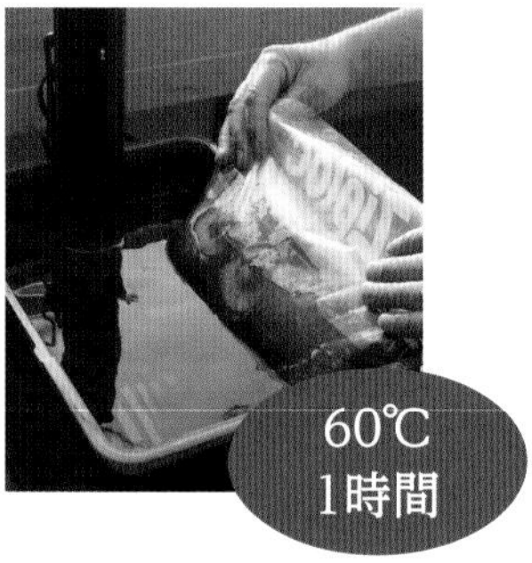

低温調理のだしを利用して

昆布だし＋削り節で　基本のだし

材料（作りやすい分量）

昆布だし（低温調理したもの）……100ml、
削り節……10g、水……900ml

作り方

鍋に昆布だしと分量の水を入れて強火にかけ、80℃になったら削り節を入れて火を止める。1分おいて漉す。

昆布だし＋椎茸だしで　精進だし

材料（作りやすい分量）

昆布だし（低温調理したもの）……500ml
椎茸だし（低温調理したもの）……500ml

作り方

鍋に2つのだしを同量入れて温める。好みでかんぴょうや大豆を加えて沸かし、漉してもいい。

Chapter 2

中国料理

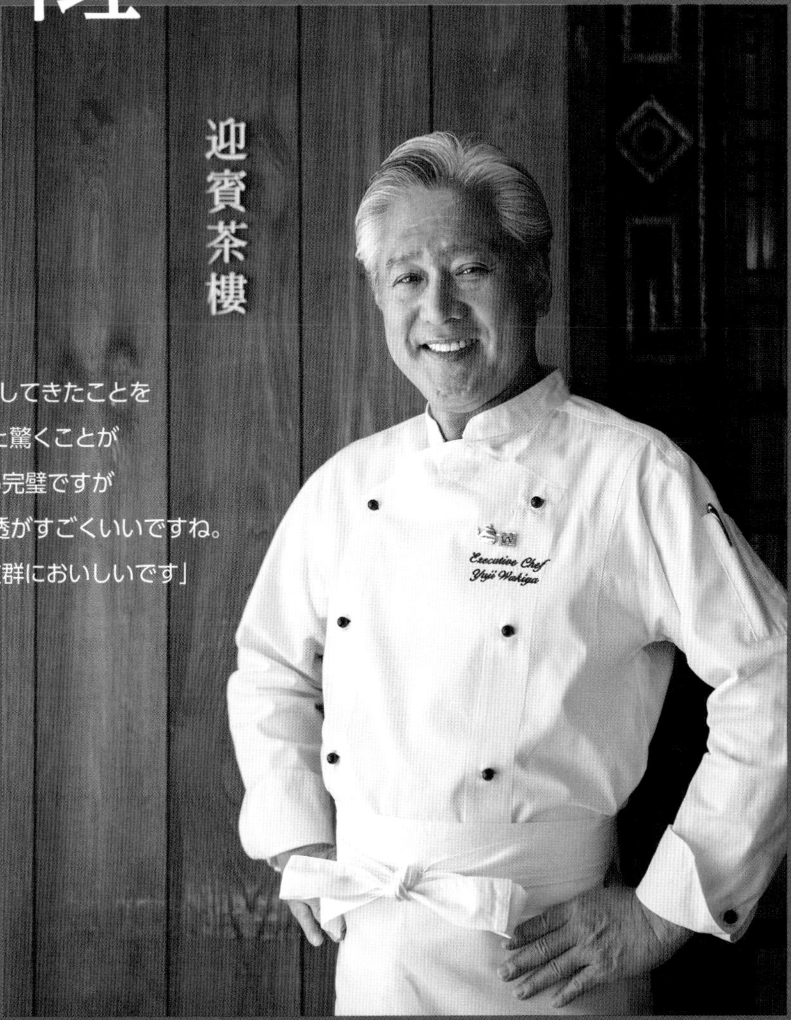

「今まで鍋中で調理してきたことを
低温調理器ですると驚くことが
たくさん。火入れも完璧ですが
調味料やたれの浸透がすごくいいですね。
時短にもなるし、抜群においしいです」

脇屋友詞

Yuji Wakiya

Wakiya一笑美茶樓
トゥーランドット臥龍居

脇屋シェフの低温調理器で作る鶏肉ベーシックレシピ、おすすめは「陳皮醤鶏」。
醤油系の甘辛い味に柑橘の香りをきかせた煮込みで、本来は鶏1羽を丸ごと煮込みます。
ここでは低温調理向きに、胸肉1枚で作るレシピに。もも肉1枚でもOKです。
低温調理器を利用すれば均一にしっとり火が入り、味も充分にしみ込みます。
仕上げにフライパンに移し、煮汁を煮詰めながら肉に絡めます。

ベーシックレシピ［鶏肉］

陳皮の香りの醤油鶏

陳皮醤鶏

材料（作りやすい分量）

鶏胸肉……1枚（300g）

ⓐ
- 醤油……50ml
- みりん……50ml
- 紹興酒（または酒）……50ml
- オレンジの皮*……5g
- 上白糖……大さじ1

ごま油……少量、豆苗などの青み……適量

＊本来は陳皮（柑橘の皮の乾燥品）で作るが、生の柑橘の皮でもよい。

1 下ごしらえ

❶ⓐを食品用耐熱袋に入れて混ぜ、鶏胸肉を入れる（A、B）。

❷脱気して封をし、冷蔵庫に20分おいて味をしみ込ませる。

2 低温調理

低温調理の水槽を70℃に予熱する。水温が目標温度に達したら、鶏肉の入った袋を水槽に沈め、30分調理する（C）。

3 仕上げ

❶袋を湯から取り出し、煮汁をフライパンにあけて中火にかける。ひと煮立ちさせたら鶏肉を入れて、煮汁にとろりと濃度がつくまで火を入れる（D）。途中で鶏肉を数回裏に返して全体に煮汁を絡ませる（E）。仕上げにごま油を加える。

フライパンを傾けて煮汁に深さを出すと鶏肉に絡みやすくなる。煮詰めすぎると塩辛くなるので注意。やきとりのたれのイメージで。

❷鶏肉を薄く切り分けて器に盛り、煮汁をかける。一緒に低温調理したオレンジの皮を細く切って飾り、豆苗を添える。

◆低温調理のあと、すぐに仕上げない場合は、袋を湯から取り出し、氷水で急冷する。

◆風味を大切にしたい料理なので当日食べきるのが基本。

A

B

C

D

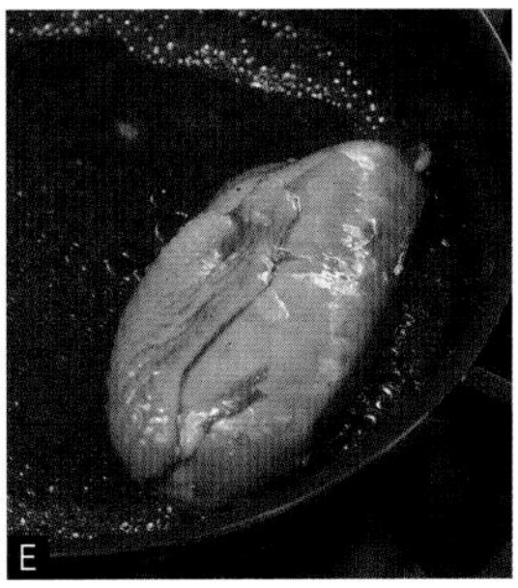
E

ベーシックレシピ［牛肉］

チャイナローストビーフ

芳香焗腓脷

脇屋シェフオリジナルの中華ローストビーフ。「調味料は他のバリエーションもありますが、『豆鼓』がおすすめです。これは黒豆を発酵させた調味料。油との相性がよく、牛肉の脂ともぴったり。低温調理の際、袋に太白ごま油を入れることで豆鼓の風味を牛肉全体にまんべんなく行き渡らせます」。55℃は低温ギリギリの温度設定ですが、仕上げはフライパンでしっかり。香ばしくすべての面を焼き上げます。

材料（作りやすい分量）

牛ランプ肉（塊肉）……250g

ⓐ 塩……2.5g（牛肉の重量の１%）
　豆鼓……10g
　赤唐辛子……１本
　にんにく……２片

太白ごま油……50ml

香菜……適量

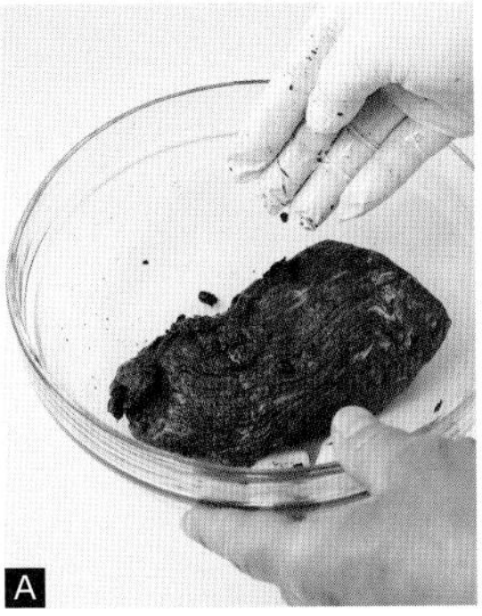

A

B

C

D

E

1 下ごしらえ

❶ボウルにⓐを混ぜ、牛ランプ肉を入れて１分ほどもみながらすり込む（A）。

豆鼓などがつきにくいので、ビニール手袋をはめて手でじかにしっかりすり込む。

❷①を食品用耐熱袋に入れ、太白ごま油を加え（B）、脱気して封をする。

2 低温調理

低温調理の水槽を55℃に予熱する。水温が目標温度に達したら、牛肉の入った袋を水槽に沈め、１時間調理する（C）。

3 仕上げ

❶袋を湯から取り出し、牛肉をフライパンに入れて中火にかける。赤唐辛子やにんにくも入れる（D）。すべての面を香ばしく色づくまで焼く（E）。

❷切り分けて器に盛り、香菜を添える。

◆低温調理のあと、すぐに仕上げない場合は、袋を湯から取り出し、氷水で急冷する。

◆風味を大切にしたい料理なので当日食べきるのが基本。

Idea!

ローストビーフの下味つけに使った豆鼓は、コク、塩味、香りの揃った調味料で、少量で味わい深い料理にしてくれます。豆鼓以外では、シンプルに醤油味もいいですし、生姜、八角、肉桂などを袋に入れて低温調理しても、香りのよいチャイナローストビーフになります。

ベーシックレシピ［豚肉 その1］

旨みいっぱいの塩豚

咸肉

「『咸肉（エンルウ）』は豚バラ肉を塩漬けして熟成させた加工品。本来は長期保存前提なので塩もたっぷりすり込み、時間をかけて仕上げていきます。今回は低温調理ですぐに食べられるようアレンジしました。
塩を半分に減らして塩麹を加えるのがポイント。塩麹で肉が柔らかくなり、旨みも増しますよ」。
香りのよい中国山椒の花椒も一緒に袋に入れて、1時間低温調理するだけでWakiya流塩豚の完成です。

材料（作りやすい分量）

豚バラ肉（塊肉）……250g

ⓐ
- 塩麹……12.5g（豚肉の重量の5%）
- 塩……12.5g（豚肉の重量の5%）
- 花椒（中国山椒の実）……小さじ1

マイクロハーブ（レッドアマランサス）……適量

1 下ごしらえ

❶食品用耐熱袋にⓐを入れ、豚バラ肉を入れる。

❷袋の外から手でもんで豚肉に調味料をなじませ（A）、脱気をして封をする。

2 低温調理

低温調理の水槽を70℃に予熱する。水温が目標温度に達したら、豚肉の入った袋を水槽に沈め、1時間調理する（B）。

3 仕上げ

袋を湯から取り出し（C）、肉が冷めて落ちついてから花椒を除いて塩豚をごく薄く切る（D）。器に盛り、マイクロハーブを添える。

◆保存は低温調理後に袋のまま氷水で冷却後、冷蔵室で2〜3日、チルド室で4〜5日、冷凍で2週間ほど。リヒート（70℃ 10分）して用いる。

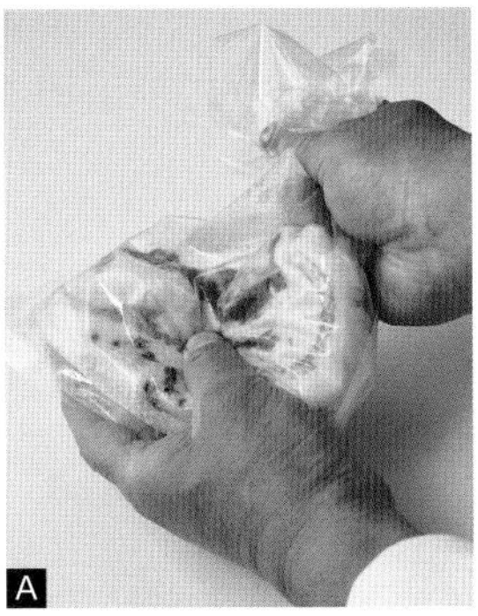

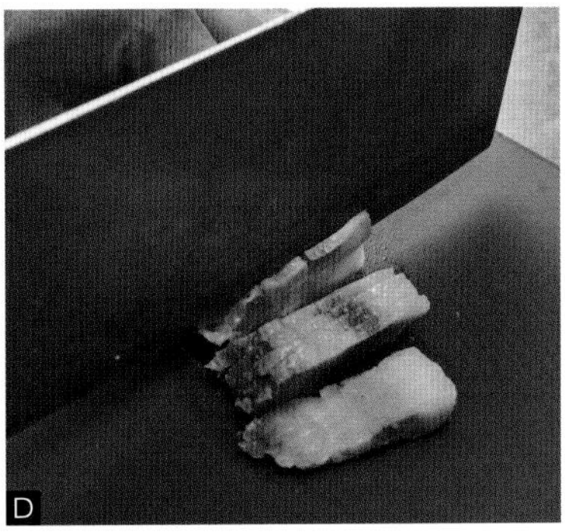

Idea!

シンプルに食べるなら、薄切りにするだけで立派な前菜に。食材としていろいろな料理に発展させることもでき、p.46では木綿豆腐を凍らせた「凍豆腐」と煮込みにしています。塩豚は端の硬い部分を最初に旨み出しとしてしっかり炒め、柔らかい部分は軽く炒めるのがおいしく食べるコツ。なお、凍豆腐はもどすと汁気をよく吸い込み、しっとりします。

ベーシックレシピ［豚肉 その2］

熟成香が決め手の醤油豚

醤肉

器／井上萬二窯作

脇屋シェフの豚バラ肉を使った低温調理レシピ、もう一品は醤肉（ジャンルウ）。これも上海料理の代表的な豚肉加工品で、中華風ベーコンといった趣。本来は豚バラ肉を醤油だれに漬け、1～2日間干して熟成させたものを蒸して使いますが、低温調理器を利用すると時間短縮になるうえ、しっとり柔らかでたれの旨みも充分に浸透します。最後にフライパンで表面を焼き固めれば、醤油の香ばしさが出てオリジナルと遜色ないでき映えです。

材料（作りやすい分量）

豚バラ肉（塊肉）……250g

ⓐ
- 醤油……80ml
- 紹興酒（または酒）……20ml
- 赤唐辛子……1本
- にんにく（半割り）……1片分
- 生姜（薄切り）……5g
- 花椒（中国山椒の実）……1g

木の芽……適量

1 下ごしらえ

食品用耐熱袋にⓐを入れてよく混ぜる。豚バラ肉を入れて脱気し、封をする（A、B）。

2 低温調理

低温調理の水槽を70℃に予熱する。水温が目標温度に達したら、豚肉の入った袋を水槽に沈め、1時間調理する（C）。

3 仕上げ

❶袋を湯から取り出し、豚肉をフライパンに入れる（D）。中火にかけて、香ばしく色づくまですべての面を焼く（E、F）。脂身の面はとくに念入りに。

❷薄く切り分けて器に盛り、木の芽を添える。

◆焼き目を入れて仕上げた肉はラップで包み、冷蔵室で2～3日、チルド室で4～5日、冷凍で2週間保存可能。

◆肉を低温調理するときに用いたたれは、他の料理にも使える。必ずひと沸かししてアクを除いて用いる。保存は冷蔵室で。

A

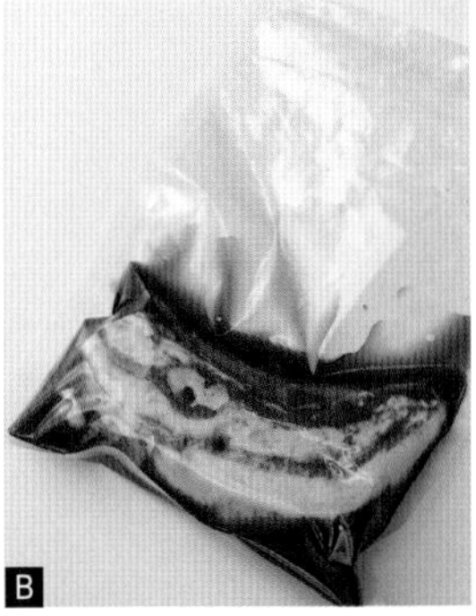

B

C

D

E

F

Idea!

脂身の甘みがとてもおいしくなるので、質のよい脂身のついたバラ肉を選びます。家庭では250gくらいが作りやすいでしょう。白ごはんとの相性が抜群で、ごはんにのせるだけでも贅沢な味わいですし、たれと共に混ぜごはんにしても（p.47参照）。左党にはスモーキーな風味のウイスキーがおすすめ。びっくりするほど相性がよいです。

Arrange

塩豚を使って

塩豚と凍豆腐の煮込み

清菜凍豆腐

材料（2人分）

塩豚（p.42。薄切り）*……130g
木綿豆腐……1丁
ミニ広東白菜……10本
紹興酒（または酒）……大さじ1
中華スープ……400ml
植物油、塩、白こしょう……各適量

＊硬く塩味の強い切れ端と赤身の多い形の整った部分に分ける。

作り方

❶凍豆腐を作る。木綿豆腐をパックごと冷凍室で一晩かけて凍らせる。パックに2か所ほど空気穴をあけ、電子レンジ（600W）に10分かける。常温にもどして水気をきり、ひと口大の直方体に切り分ける。

❷フライパンに油をひいて塩豚（硬い端）を入れ、中火でよく炒めて旨みと塩分を充分に引き出す。

❸紹興酒と中華スープを加えて沸かす。①の凍豆腐を入れ、蓋をして15分ほど煮る。広東白菜と残りの塩豚を入れ、さらに3分ほど広東白菜が柔らかくなるまで煮る。味をみて塩、白こしょうでととのえる。

醤油豚を使って
醤油豚と季節野菜の混ぜごはん
醤肉清豆飯

材料（2人分）
醤油豚（p.44。幅5mmの薄切り）*
……130g
醤油豚のたれ（生姜、にんにくも使う）
……少量
グリーンピース……50g
スナップえんどう（幅1cmに切る）
……10本分
塩……適量
ごはん……350g

＊硬く塩味の強い切れ端と赤身の多い形の整った部分に分ける。

小さな土鍋で炊いた白米に、たれを絡めた醤油豚をのせて、よく混ぜ込む。炊き込みごはん風の味わいが手軽に楽しめる。

作り方

❶グリーンピースとスナップえんどうをフライパンで塩ゆでし、柔らかくなったらザルにあける。

❷①のフライパンを中火にかけ、醤油豚の切れ端とたれの生姜、にんにくを入れて炒める。醤油豚のたれと、残りの醤油豚を加えて炒め合わせ、脂身が透き通ってきたら火からおろす。

❸温かいごはんに②と①を加えて混ぜ、器に盛る。

豆腐のチャイナアヒージョ

葱香油豆腐

辣豆腐（ラードウフゥ）という辛い豆腐料理を、低温調理でおいしく簡単に。
貝柱やフライドオニオンの旨みに、にんにく味もきいて中華風アヒージョの味わいです。
「本来はこのレシピの２倍量の太白ごま油を使いますが、低温調理だと調味料が少なくても充分に味が入るので、ぎりぎりの50mlでOK。経済的でいいよね。低温調理は中国料理の炖（トン：煮込み）にも通じるメソッド。手応えを感じます」と脇屋シェフ。

材料（2〜3人分）
木綿豆腐……1丁（300g）
ⓐ 帆立貝柱（水煮缶、水気をきる）……20g
フライドオニオン（市販）……10g
にんにく（みじん切り）……10g
中華スープ……100ml
太白ごま油……50ml
塩……4g
赤唐辛子……6本
ディルの葉……適量

1 下ごしらえ

❶木綿豆腐の水気をきり、キッチンペーパーで表面の水分を拭く。4〜5cm角に切る。

❷食品用耐熱袋にⓐを入れてよく混ぜ、①を加えて脱気し、封をする（A、B）。

A

B

2 低温調理

低温調理の水槽を85℃に予熱する。水温が目標温度に達したら、豆腐の入った袋を水槽に沈め、30分調理する（C）。

C

3 仕上げ

袋を湯から取り出し、中身をすべて鍋にあけて強火で熱々にする（D、E）。器に盛り、赤唐辛子とディルの葉を飾る。

◆当日食べきる。

D

E

乾物と春雨
旨みたっぷりスープ

海鮮粉絲湯

乾物は低温調理にうってつけの食材。低温でじっくり時間をかけることで旨みを充分に引き出せます。
このスープは４つの乾物を旨み出しの材料に使うと同時に、柔らかくもどった乾物がそのまま具材になるという一挙両得のレシピ。また春雨も一緒に低温調理の袋に入れて、もどしながら乾物の旨みを含ませます。
「乾物パワーがいっぱいで、元気の出るスープです」と脇屋シェフ。

材料（４人分）
春雨……80g
乾物
　昆布（だし用）……10g
　干し貝柱……10g
　干し海老……15g
　干し椎茸……１枚
水……500ml
塩、白こしょう……各適量

1 下ごしらえ

❶昆布、干し貝柱、干し椎茸をキッチンバサミで1cm角に切り、食品用耐熱袋に入れる（A）。

低温調理用の袋の中で切ると散らからない。
春雨が多少膨らむので大きめの袋を使うとよい。

❷①に春雨、干し海老を加え、水を注いで脱気し、封をする（B、C）。

2 低温調理

低温調理の水槽を85℃に予熱する。水温が目標温度に達したら、春雨と乾物の入った袋を水槽に沈め、45分調理する（D）。

3 仕上げ

袋を湯から取り出し、中身をすべて鍋にあけて強火にかける（E、F）。熱々になったら塩と白こしょうで味をととのえ、器に盛る。

◆保存は袋のまま氷水で冷却後、冷蔵室で2〜3日、チルド室で4〜5日、冷凍は不可。

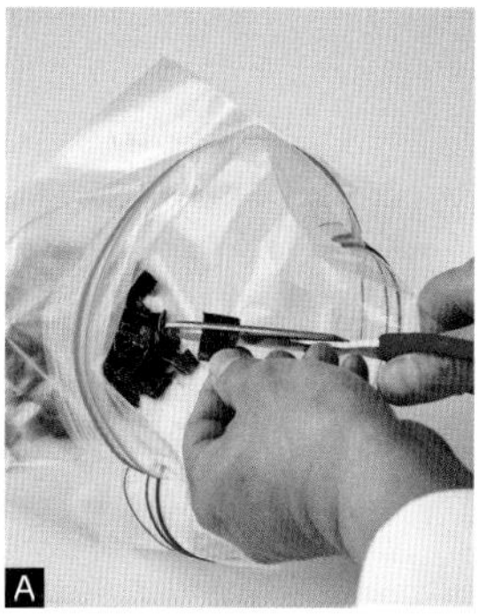

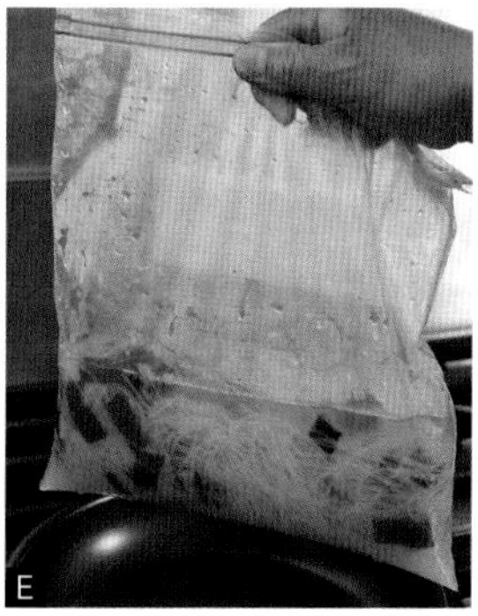

Idea!

塩と白こしょうは低温調理中でなく、盛りつけ直前熱々にする段階で加えるのがコツ。乾物の旨みを効果的に引き出す方法です。和食の吸いものより少し濃いめの加減で、好みによりごま油（焙煎）をひとたらししても美味。また、小さく切った昆布、干し貝柱、干し海老をペットボトルに入れ、水を注いでひと晩浸けておくと、中華用のだしが簡単にできますよ。

しっとり帆立の翡翠ソース

翡翠鮮貝

帆立貝柱は火を入れると脱水しやすい食材ですが、低温調理をすれば脱水前のミディアムレアに仕上がります。なめらかで甘みが増して、生の刺身とも焼き貝柱とも違った固有の食味が魅力。低めの温度（50℃）とごく短時間調理（5分）がカギです。
「しっとりした食感が保たれるので、パーティーなどで事前に用意しておける前菜として重宝しますよ」と脇屋シェフ。

材料（4人分）

帆立貝柱（生食用）……8個
ⓐ 水……150ml
　紹興酒（または酒）……50ml
　塩……4g（液体の重量の2%）
翡翠ソース
　万能ねぎ（小口切り）……30g
　太白ごま油……75ml
　塩……1g
花穂じそ……適量

1 下ごしらえ

ⓐを食品用耐熱袋に入れて混ぜる。帆立貝柱を入れて脱気し、封をする（A）。

袋に液体を入れる作業はボウルの中に袋を立てて行うと楽。

2 低温調理

低温調理の水槽を50℃に予熱する。水温が目標温度に達したら、帆立の入った袋を水槽に沈め、5分調理する（B）。

3 仕上げ

❶袋を湯から取り出し、帆立の水分をキッチンペーパーで拭く。縦に2等分して器に並べる。

❷翡翠ソースを作る。耐熱ボウルに万能ねぎを入れて塩をふる。小鍋（または小フライパン）に太白ごま油を入れて火にかけ、うっすらと煙が出るまで熱したら（180～190℃）、万能ねぎにかけて混ぜる（C、D）。

❸翡翠ソースは熱いうちに①に点々とたらし、花穂じそを添える。

◆当日食べきる。

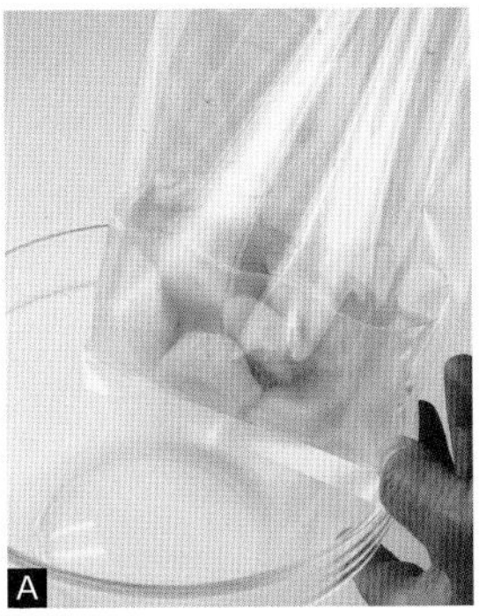

A

B

C

D

Idea!

翡翠ソースは、熱々の太白ごま油をジュッとかけて仕上げるのがポイント。今回は万能ねぎを使いましたが、にら、香菜、行者にんにくなど、緑の色がきれいに出る香味野菜に代えてもOK。また、にんにくチップや、ミニトマトをカットしてマイクロハーブと共に塩とごま油で和えたものを添えてもおいしいです。

高級食材の金華ハム、海老の卵、干し貝柱などの旨みを、油に封じ込めた特別感のある調味料がXO醤。旨みが濃く、料理の隠し味や風味づけに少量使うのが基本です。紹介するのは手に入りやすい鮭をメインに、干し貝柱と干し海老を加えた「食べるXO醤」。250g前後の切り身で作ると低温調理の時間が短くてすみ、味もしみ込みやすくなります。

鮭のXO醤

鮭XO醤

材料（作りやすい分量）

鮭（生の切り身、皮を取る）*……250g
塩（下ごしらえ用）……2.5g（鮭の重量の1%）
干し貝柱……20g
干し海老……20g
太白ごま油*……250ml
にんにく（みじん切り）……50g
赤唐辛子（生、輪切り）*……15〜30g
塩（仕上げ用）……5g
グラニュー糖……5g

*鮭は塩鮭（甘塩）でもよい。

*太白ごま油は、使う分量が多いので、安価な植物油に置き代えても。

*赤唐辛子は乾燥品を水でもどして使ってもよい。分量（辛さの加減）はお好みで。

1 下ごしらえ

❶鮭の両面に塩をふって30分おく。干し貝柱と干し海老は水に2時間ほど浸けてもどす。

❷鮭をフライパンに入れて中火にかけ、蓋をして蒸し焼きにしながら両面に軽く焼き色をつける(A)。

❸太白ごま油を食品用耐熱袋に入れ、①の貝柱と海老、にんにくと赤唐辛子を入れて混ぜる。②の鮭を丸ごと入れて脱気し、封をする(B)。

2 低温調理

低温調理の水槽を80℃に予熱する。水温が目標温度に達したら、鮭の入った袋を水槽に沈め、1時間調理する(C)。

3 仕上げ

❶袋を湯から取り出し、鮭だけを出して身を細かくほぐす(D、E)。

❷袋に残った油と具材をフライパンにあけ、鮭の身を加えて中火にかけ、ゴムべらで混ぜながら鮭と油をなじませる(F)。フツフツと沸いてきたら塩を加え、さらに混ぜる。

❸泡立ちが少なくなり、香ばしさが出てきたら火を止め、グラニュー糖を加えてよく混ぜる。器に盛る。

グラニュー糖は早く入れると焦げやすいので、仕上がり直前に。コクが出て深みのある味になる。一晩おくと味がなじんでさらに美味。

◆ごはんや麺にトッピングして食べるほか、おにぎりやパスタの具材に使うなど中国料理にこだわらず、自由にアレンジを楽しんで。

◆保存袋(瓶)に入れて密封し、冷蔵室で4～5日、チルド室で1週間、また冷凍で2週間ほど保存可能。

A

B

C

D

Idea!

鮭のほぐし方は粗く食感を残してもよいし、細かくしてより調味料的にしても。鮭のほか、さんま、いわし、たらなど、どんな季節の魚でもおいしく作れます。食べる時は常温でもよいですが、軽く電子レンジにかけて温めると素材の香りが引き立ち、いっそうおいしくなります。

E

F

野菜料理4品

ビーツとじゃがいものサラダ

紅土豆沙拉

かぼちゃのバターサンド
南瓜三文治

低温調理で作る野菜の佳品。
根菜やいも類は食物繊維が多いため、85 ～ 95℃の
高めの温度帯で火を入れます。柔らかいトマトは70℃。
低温調理は煮崩れしないので、形を残したい時にも
有効ですし、つぶしてピュレにもできます。
かぼちゃには五香粉、さつまいもには八角などを
使って中国風の味わいにしています。トマトは山椒風味。
脇屋シェフならではのおしゃれな演出です。

（作り方p.58 ～ 59）

スパイス香る さつまいものミルク煮
鮮奶甘薯

フルーツトマトのゼリー
水晶蕃茄

ビーツとじゃがいものサラダ

材料（4人分）
じゃがいも（さいの目切り）……300g
ビーツ（さいの目切り）……30g
バター……20g
塩……2g
マヨネーズ……大さじ2
ベルギーチコリ、セルフィーユ、
　塩豚……各適量

1 下ごしらえ

じゃがいもとビーツ、バター、塩を食品用耐熱袋に入れて脱気し、封をする。

2 低温調理

低温調理の水槽を95℃に予熱する。水温が目標温度に達したら、じゃがいもとビーツの入った袋を水槽に沈め、30分調理する。

3 仕上げ

袋を湯から取り出し、氷水で急冷する。中身をボウルにあけてマヨネーズで和える。

盛りつけ

ビーツとじゃがいものサラダをベルギーチコリに盛り、セルフィーユ、塩豚（p.42）の短冊切りを添える。

◆保存は袋のまま氷水で冷却後、冷蔵室で2～3日、チルド室で4～5日、冷凍は不可。

かぼちゃのバターサンド

材料（4人分）
かぼちゃ（皮をむいてさいの目切り）……200g
ⓐ上白糖……20g
　バター……20g
　五香粉……小さじ1
かぼちゃの種（市販のロースト）……適量
シュガートースト
　食パン（サンドイッチ用）、バター、グラニュー糖……各適量
セルフィーユ……適量

1 下ごしらえ

かぼちゃとⓐを食品用耐熱袋に入れて脱気し、封をする。

2 低温調理

低温調理の水槽を85℃に予熱する。水温が目標温度に達したら、かぼちゃの入った袋を水槽に沈め、30分調理する。

3 仕上げ

袋を湯から取り出し、かぼちゃをボウルに移して軽くつぶしてペースト状にし、かぼちゃの種を加え混ぜる。

盛りつけ

食パンの片面にバターを塗ってグラニュー糖をふり、トーストする。ペースト状のかぼちゃを塗ってサンドイッチにし、好みの大きさに切り分ける。セルフィーユを飾る。

◆保存は袋のまま氷水で冷却後、冷蔵室で2～3日、チルド室で4～5日、冷凍は風味が落ちるので不向き。

材料（2〜3人分）
さつまいも（厚さ3mmの輪切り）……150g
牛乳*……200ml
上白糖……20g
八角……2個
桂皮*……3g

＊本来のココナッツミルクで作っても、コクが強くおいしい。
＊桂皮の代わりに、香りの似た近縁のシナモンでも。

スパイス香るさつまいものミルク煮

1 下ごしらえ

食品用耐熱袋にさつまいも以外の材料を入れて混ぜる。さつまいもを入れて脱気し、封をする。

2 低温調理

低温調理の水槽を85℃に予熱する。水温が目標温度に達したら、さつまいもの入った袋を水槽に沈め、20分調理する。

3 仕上げ

袋を湯から取り出し、氷水で急冷する。よく冷えたら牛乳ごと器に盛り、八角を飾る。

◆保存は袋のまま氷水で冷却後、冷蔵室で2〜3日、チルド室で4〜5日、冷凍は風味が落ちるので不向き。

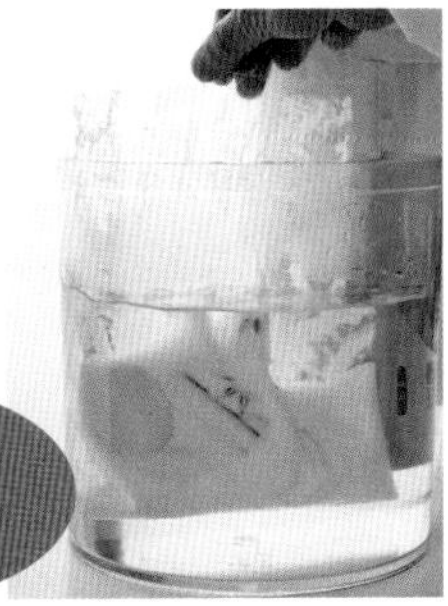

85℃
20分

材料（2〜3人分）
フルーツトマト……2個
トマトジュース……100ml
板ゼラチン……8g
ⓐ「レモン汁……大さじ1
　｜蜂蜜……大さじ1
　└上白糖……大さじ2
粉山椒、木の芽……各適量

70℃
20分

フルーツトマトのゼリー

1 下ごしらえ

❶フルーツトマトの皮を湯むきして角切りにする。
❷板ゼラチンを冷水に浸けてもどし、水気をきる。
❸①、②、トマトジュース、ⓐを食品用耐熱袋に入れて脱気し、封をする。

2 低温調理

低温調理の水槽を70℃に予熱する。水温が目標温度に達したら、トマトの入った袋を水槽に沈め、20分調理する。

3 仕上げ

袋を湯から取り出し、氷水で急冷してから好みの型やグラスに流す（写真は球状に固める型を利用）。冷蔵室で冷やし固め、型から抜いて器に盛る。粉山椒をふって木の芽を添える。

◆仕上げたゼリーの保存は冷蔵室で2〜3日、冷凍は風味が落ちるので不向き。

デザート3品

ココナッツ風味のカスタード団子

椰子糖丸

プーアル茶のプリン

晋洱布丁

中華の定番スイーツも低温調理におまかせ。
カスタードクリームやプリンなど、卵主体の生地の
火入れは低温調理の得意とするところ。
失敗なくなめらかでクリーミーな口当たりを約束します。
あずきのような豆は時間を要するものの、破裂せず、
きれいな形を保って柔らかく煮上がります。
あずきは硬く締まらないよう、砂糖を加えるのは
低温調理後に。

(作り方p.62～63)

小豆《あずき》のココナッツミルク

椰子煮小豆

ココナッツ風味のカスタード団子

材料（4人分）

全卵……1個
卵黄……2個分
ココナッツミルク……50ml
練乳……30g
ⓐ「上白糖……30g
　 コーンスターチ……20g
　 薄力粉……10g
溶かしバター*……40g

ココナッツパウダー……適量

*バターを小鍋に入れて湯せんにかけ、溶かす。

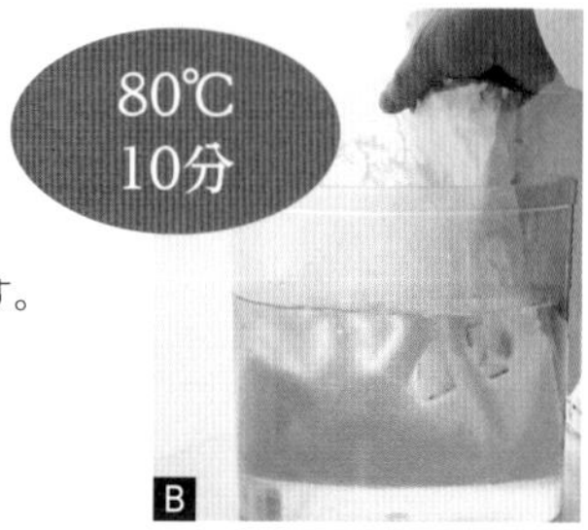

プーアル茶のプリン

材料（13×10cm×高さ5cmの型1台分）

牛乳……150ml
生クリーム（乳脂肪分42%）……75ml
プーアル茶葉（包丁できざむ）……1g
全卵……2個
グラニュー糖……60g

カラメルソース
　グラニュー糖……50g
　水……大さじ1

小豆のココナッツミルク

材料（4人分）

あずき……100g
牛乳……200ml
ココナッツミルク
　……100ml
上白糖……60g

1 下ごしらえ

❶ボウルにⓐを入れて混ぜる。

❷別のボウルに全卵、卵黄、ココナッツミルク、練乳を合わせ、よく混ぜる。

❸②を少量ずつ①に加えながら、ダマができないように泡立て器でしっかり混ぜる。最後に溶かしバターを加え混ぜて、カスタード液を仕上げる（A）。

❹③を食品用耐熱袋に入れ、平らにして脱気し、封をする。

2 低温調理

❶低温調理の水槽を80℃に予熱する。水温が目標温度に達したら、カスタード液の入った袋を水槽に沈める（B）。

❷5分ほどたったら袋を出し、カスタード液が均一に固まるように手でもむ。低温調理器の水槽に戻し、2～3分後にもう一度手でもんで水槽に戻す。全体で約10分火を入れる。

カスタード液は熱いので、軍手をするか、袋をタオルで包んでもむ。

3 仕上げ

❶袋を湯から取り出し、氷水で急冷したのち、冷蔵室で冷やす。

❷①を10gずつの団子に丸め（C）、ココナッツパウダーをまぶす。

◆保存は袋のまま氷水で冷却後、冷蔵室で2～3日、チルド室で4～5日、冷凍は不向き。

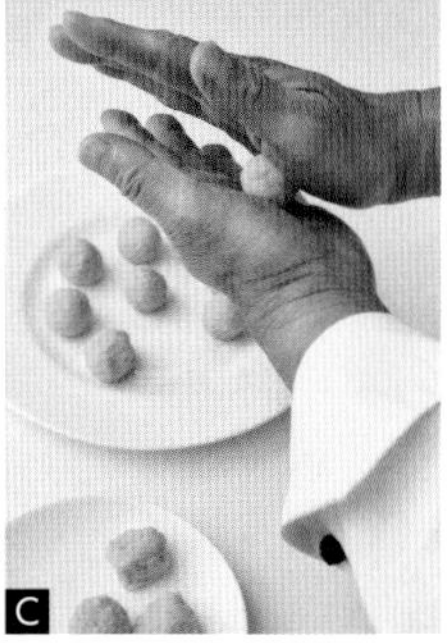

---

1 下ごしらえ

❶カラメルソース用のグラニュー糖と水を小鍋に入れて弱火にかける。グラニュー糖が溶けてきたら鍋をゆすりながら焦げ色がつくまで熱する。濃いカラメル色になったらすぐに火からはずし、型に流す。

❷牛乳と生クリーム、茶葉を鍋または小さめのフライパンに入れて中火にかけ（A）、混ぜながら火を入れて沸騰直前に火を止める。茶漉しで漉す。茶葉は少量を①のカラメルソースに散らして、10分ほど冷蔵室で冷やし固める。

❸ボウルに卵とグラニュー糖を入れて混ぜ、②のプーアール茶液を加えながらよく混ぜる。ザルで漉して、②の型に流す（B）。上面をラップで覆い、食品用耐熱袋に入れて封をする。

2 低温調理

低温調理の水槽を85℃に予熱する。水温が目標温度に達したら、型を入れた袋を水槽に沈め、1時間30分調理する（C）。

低温調理器の水槽の底に丸型などを逆さに置いて型をのせ、プリン生地の上面がちょうど湯に浸かるようにする。無理に型を沈めようとすると、水圧で生地が外に漏れるため、水面に浮かせて湯せん調理する。

3 仕上げ

袋を湯から取り出し、氷水で急冷したのち、冷蔵庫で冷やす。型からはずし、好みの大きさに切り分ける。

◆仕上げたプリンは冷蔵室で2日、チルド室で3～4日保存可能。冷凍は不可。

---

1 下ごしらえ

❶あずきは水洗い後、鍋に入れて浸かるくらいの量の水を注ぎ、一晩おく。

❷①を強火にかけ、ひと沸かししたらアクを除く。ザルにあけて湯をきる（A、B）。

❸②のあずきを食品用耐熱袋に入れ、牛乳とココナッツミルクを加えて封をする。

2 低温調理

低温調理の水槽を95℃に予熱する。水温が目標温度に達したら、あずきの入った袋を水槽に沈め、5時間調理する（C）。

3 仕上げ

袋を湯から取り出し、液体ごとボウルにあける。上白糖を加えて溶かし、氷水で急冷したのち、冷蔵室で冷やす。

◆保存は袋のまま氷水で冷却後、冷蔵室で2～3日、チルド室で4～5日、冷凍は不向き。

低温調理でもっと手軽に［常備菜］

低温調理には設定した温度帯で思い通りに調理できる以外に、味がしみ込みやすくなる特性、
そして調味液もぐっと少なくてすむ利点があります。袋に食材を調味液と共に入れて脱気すると浸透圧が高まり、
袋を水槽に沈めることで水圧がかかり浸透がさらに促進されるのです。
そんなメリットを実感できるのが「醤蘿蔔（ジャンローボー）」、大根の醤油漬けです。
脇屋シェフの大好きな常備菜。通常は大根を陰干しし、3～4時間調味料に漬け込む調理法が、
低温調理器を利用することでわずか30分に時短。たれの味がよくしみて、コリコリした歯ごたえも秀逸。
たれに黒砂糖を加えるのはWakiya流。コクが出ます。

大根の醤油漬け
醤蘿蔔

材料（2～3人分）
大根……300g
醤油……150ml
黒砂糖……150g
八角……1個
赤唐辛子……1本
柚子の皮……大3～4片

1 下ごしらえ

❶大根をひと口大の乱切り（1辺2～3cm）にする。

❷大根以外の材料をすべて食品用耐熱袋に入れ、よく混ぜる。大根を入れて脱気し、封をする。

2 低温調理

低温調理の水槽を70℃に予熱する。水温が目標温度に達したら、大根の入った袋を水槽に沈め、30分調理する。

3 仕上げ

袋を湯から取り出し、常温になるまで冷まし、汁ごと器に盛る。

◆保存は冷蔵室で4～5日、冷凍は不可。

Chapter 3
イタリア料理

「オリーブ油やハーブを使って
シンプルに仕上げるイタリアンと低温調理は
相性がとてもいいですね。肉や魚料理は
もちろん、パスタのソースやドルチェなど
毎日作りたいレシピを紹介します」

日髙良実
Yoshimi Hidaka

リストランテ アクアパッツァ

ベーシックレシピ［鶏肉］

鶏ハムのイタリアンソース

Prosciutto di pollo

鶏胸肉で作るサラダチキンをイタリアンバージョンで。
「ハーブやオリーブ油を上手に使うと香りと旨みがアップします」と、日高シェフ。鶏肉には基本の塩のほかローズマリーをまぶして低温調理し、豊かなハーブの香りをつけます。お好みでタイム、オレガノなどに代えても。ごく薄切りにして２種のイタリアンソースをたっぷり添えると、胸肉のしっとりした食感が際立ちます。

材料（2〜3人分）
鶏胸肉……1枚（300〜400g）
塩……3.6〜4.8g（鶏肉の重量の1.2%）
ローズマリー（みじん切り）……1枝分
E.V.オリーブ油、イタリアンパセリ（粗みじん切り）、マイクロハーブ……各適量

1 下ごしらえ

❶鶏胸肉の両面に塩とローズマリーをふり、手で押さえて密着させる（A）。

❷①を食品用耐熱袋に入れて脱気し、封をする（B）。

2 低温調理

低温調理の水槽を60℃に予熱する。水温が目標温度に達したら、鶏肉の入った袋を水槽に沈め、1時間調理する（C）。

3 仕上げ

❶袋を湯から取り出し、袋ごと氷水で急冷する（D）。

❷中心まで冷めたら、鶏肉を薄く切り分け、器に盛る。2種類のソース（右記）をかける。トンナートソースにはオリーブ油とイタリアンパセリを、サルサ・ヴェルデにはマイクロハーブを散らす。

◆保存は袋のまま氷水で冷却後、冷蔵室で2〜3日、チルド室で4〜5日、冷凍で1カ月。リヒート（60℃ 10〜15分）して用いる。

トンナートソース

材料（2〜3人分）
ツナ（缶詰）……75g
ケイパー（酢漬け）……10 g
アンチョビ……10g
E.V.オリーブ油……20ml
マヨネーズ……150g
塩……適量

作り方

塩以外の材料をフードプロセッサーで攪拌してペースト状にし、塩で味をととのえる。

サルサ・ヴェルデ

材料（2〜3人分）
ⓐ［イタリアンパセリ（みじん切り）……15g
　コルニション（酢漬け、みじん切り）……10g
　ケイパー（酢漬け、みじん切り）……5g
　アンチョビ……10g
パン……10g
白ワインヴィネガー……10ml
E.V.オリーブ油……40ml
塩……少量

作り方

❶パンを白ワインヴィネガーに浸して柔らかくする。

❷ⓐをまな板にのせ、柔らかくした①のパンとオリーブ油を加えて包丁で叩きながらよく混ぜる。塩で味をととのえる。

A

B

C

D

ベーシックレシピ［牛肉］

サーロインステーキ

Bistecca

Arrange

タリアータ

Tagliata

ごちそうのステーキを低温調理でピンポイントの火入れに仕上げます。
ローズマリーとタイムの枝も一緒に袋に入れて低温調理し、イタリアンの香りづけを。
今回の温度と時間はミディアム仕様の設定で、低温調理後に焼いて香ばしさを加えます。
火が入りすぎないよう手早く仕上げるのがポイント。斜めに切り分けて盛ればタリアータに。

サーロインステーキ

材料（1～2人分）

牛サーロイン肉……1枚（200g）
塩……適量
タイム、ローズマリー……各2枚

1 下ごしらえ

❶牛サーロイン肉の両面に塩をふる（A）。

❷牛肉とタイム、ローズマリーを食品用耐熱袋に入れて脱気し、封をする。

2 低温調理

低温調理の水槽を63℃に予熱する。水温が目標温度に達したら、牛肉の入った袋を水槽に沈め、40分調理する（B）。

3 仕上げ

袋を湯から取り出し、表面についているハーブ（C）を除いて牛肉の水気をキッチンペーパーで拭く。フライパンに入れ、強火で手早く両面を焼いて香ばしい焼き色をつける（D）。肉を立てて脂身の面もしっかり焼く。器に盛る。

付け合わせ

じゃがいものソテー、粒マスタード。

◆すぐに仕上げない場合、保存は袋のまま氷水で冷却後、冷蔵室で2～3日、チルド室で4～5日、冷凍で1カ月。リヒート（60℃ 10～15分）して用いる。

Arrange
タリアータ

材料（2人分）

サーロインステーキ（上記）……1枚
ルッコラ、ゆで野菜（そら豆、絹さや、スナップえんどう）
　……各適量
パルミジャーノ（スライス）、バルサミコ酢……各適量

作り方

❶低温調理してから焼き上げたサーロインステーキを、斜めに薄く切り分けて（E）器に盛る。

❷野菜を添え、パルミジャーノを散らしてバルサミコ酢をたらす。

ベーシックレシピ［豚肉］

豚バラ肉のポルケッタ風

Porchetta

「仔豚1頭をまるごとローストしたものがポルケッタ。にんにくとハーブの香りをきかせるのが特徴ですが、
これを手軽に作るなら脂身と赤身がバランスよく混じったバラ肉がいいですね」と日高シェフ。
バトン状のブロック肉をぐるりと巻いて厚みが均等になるように整え、袋に入れて低温調理に。85℃のお湯で肉の中心部までしっかり火を入れたのち、フライパンで余分な脂を落としながらロースト香をつけます。

材料（作りやすい分量）
豚バラ肉（塊肉）……500g
塩……6g
ⓐ 縮みパセリ（みじん切り）……1枝分
ローズマリー（みじん切り）……1枝分
セージ（みじん切り）……3枚分
にんにく*（みじん切り）……少量

＊にんにくはオリーブ油に浸しておいたものを使用。切りたてのものでもよい。

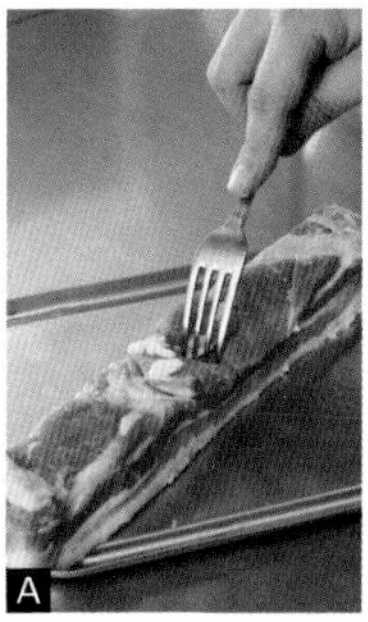
A

B

C

1 下ごしらえ

❶豚バラ肉のすべての面にフォークを刺して穴をあける（A）。すべての面に塩をふり、赤身の面にⓐのハーブ3種をまぶして、にんにくをのせる（B）。

脂身の面はすぐ内側に硬いスジがあるので、念入りにフォークを刺す。

❷ハーブの面を内側にして巻き込み、周りにタコ糸を回して固く結ぶ（C）。間隔をあけて2本結び、食品用耐熱袋に入れて脱気し、封をする。

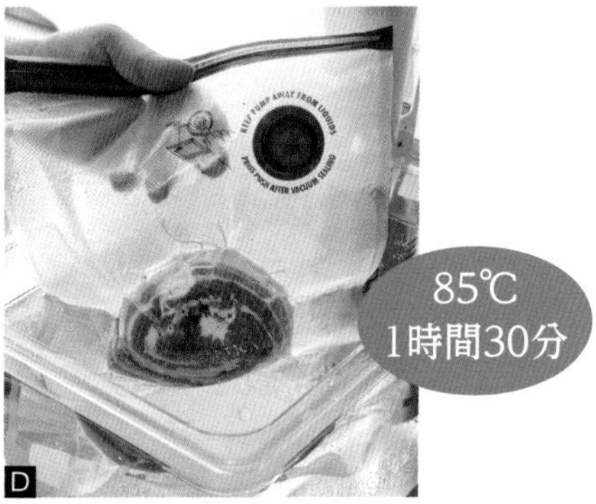

D

2 低温調理

低温調理の水槽を85℃に予熱する。水温が目標温度に達したら、豚肉の入った袋を水槽に沈め、1時間30分調理する（D）。

E

F

3 仕上げ

❶袋を湯から取り出し、豚肉の水気をキッチンペーパーで拭く。強火にかけたフライパンに入れ、肉を押さえながらすべての面をしっかり焼いて（E）、脂分を落としながら香ばしさをつける。

❷タコ糸をはずして水平に2枚に切り分け（F）、器に盛る。

付け合わせ

レモン汁とイタリアンパセリで風味をつけた粉ふきいも。

◆すぐに仕上げない場合、保存は袋ごと氷水で冷却後、冷蔵室で2〜3日、チルド室で4〜5日、冷凍で1カ月。リヒート（85℃ 20分）して用いる。

低温のオイルで煮るコンフィは低温調理に絶好の料理。
肉や魚はもちろん、日高シェフのおすすめは貝類。
少ないオイルでもねっとり柔らかく、甘みも増します。
ここでは帆立貝柱とほっき貝をカルパッチョ風に、
かきはにんにく風味をつけて
熱々のアヒージョ風に仕上げました。
いかも同様の方法でおいしく作れます。

アンティパスト

貝のオイル煮

Molluschi stufati sott'olio

材料（2〜3人分）
帆立貝柱……4個
ほっき貝*……3個
かき……8個
塩……適量
タイム……3枚
にんにく（薄切り）……2枚
E.V.オリーブ油……80ml
赤玉ねぎのスライス、スプラウト、マイクロハーブ
……各適量

*ほっき貝は切り開いて内臓を除き、2枚に分ける。

A

B

C

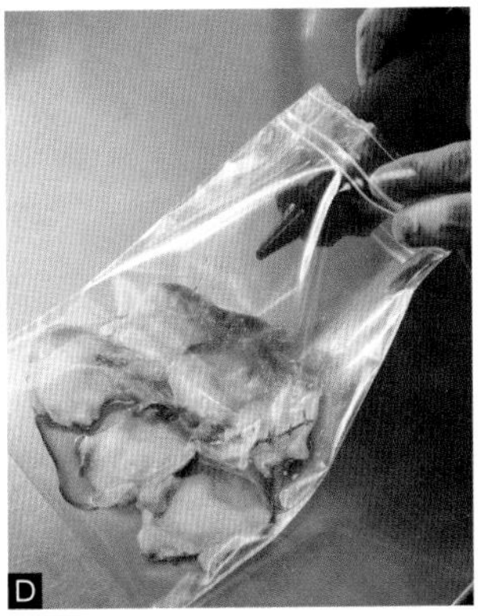
D

低温調理の温度帯はどの貝も同じですが、それぞれの持ち味を大切にしたいので別袋にして同じ水槽に沈めます。

E

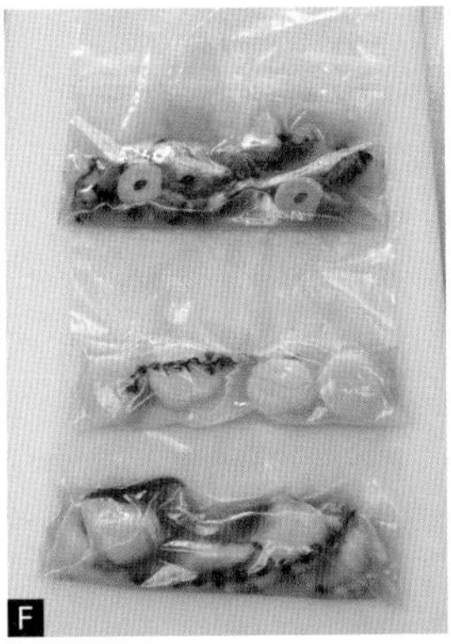
F

1 下ごしらえ

❶帆立貝柱は両面に、ほっき貝とかきは片面に塩をふる（A〜C）。

❷それぞれを食品用耐熱袋に入れ、タイムを1枝ずつ、かきの袋にはにんにくも加える。オリーブ油（帆立、ほっき貝各20ml、かき40ml）を入れる（D）。

2 低温調理

低温調理の水槽を68℃に予熱する。水温が目標温度に達したら、貝の入った袋を水槽に沈め、水圧法で脱気。封をして30分調理する（E）。

3 仕上げ

❶袋を湯から取り出し（F）、帆立とほっき貝はキッチンペーパーで油を拭く。帆立は水平に、ほっき貝は縦に2等分して器に盛る。袋に残ったオリーブ油に新たに少量のオリーブ油（分量外）を足してフレッシュな風味をつけ、貝にかける。赤玉ねぎ、スプラウト、マイクロハーブを添える（p.72）。

❷かきは小鍋に油ごとあけて強火にかけ、ひと煮立ちさせたらココットなどの深めの器に盛る（写真下）。

◆当日食べきるのが基本。冷凍保存するなら、低温調理後に袋のまま氷水で冷却後、冷凍で1〜2日。リヒート（68℃ 10分）して用いる。

アンティパスト
甘塩たらのマンテカート
Baccala manteca

Arrange
コロッケ
Crocchette di baccalà mantecato

Arrange
グラタン
Baccalà mantecato gratinato

干《ひ》だらをゆでてほぐしたペースト状のバッカラ・マンテカートは北イタリアの伝統料理のひとつ。甘塩たらで代用し、低温調理で火を入れるだけで手軽に作れます。じゃがいもも加えてしっかりつぶし、粘りのあるなめらかさを出すのがポイント。ディップにしたり、コロッケやグラタンに応用したり、いろいろな形で楽しめる料理です。

材料（作りやすい分量）
たら（甘塩）*……200g
玉ねぎ（薄切り）……80g
じゃがいも（薄切り）……80g
牛乳……40ml

*甘塩たらの代わりに、生たらに塩をふってもよい。

1 下ごしらえ

❶たらはキッチンペーパーで拭いて余分な水分を除き（A）、皮や小骨を取り除く。身を５等分くらいに切る。

❷たら、玉ねぎ、じゃがいもを食品用耐熱袋に入れ、牛乳を加えて軽く混ぜる（B）。

2 低温調理

低温調理の水槽を90℃に予熱する。水温が目標温度に達したら、たらの入った袋を水槽に沈め、水圧法で脱気。封をして１時間調理する（C）。

3 仕上げ

❶袋を湯から取り出し、煮汁をすべて容器にあける（D）。再び袋を閉じ、熱いうちにめん棒で叩いたり転がしたりして、たらの身とじゃがいもをつぶしてペースト状にする（E）。

素手では熱いので軍手をしたりタオルで包んで、手でもんでつぶす方法でもよい。煮汁を除いたあとにオリーブ油少量（分量外）を加えてもよい。風味となめらかさが増す。

❷袋ごと氷水で冷却し（F）、冷蔵室で冷やす。盛りつけ時に味をみて塩（分量外）でととのえる。

盛りつけ

そのまま食べるのもよし、バゲットの薄切りに塗ってもよし。イタリアでは焼きポレンタに添えるのが定番。

◆当日食べきるか、冷蔵して翌日アレンジ料理にする。

A

B

C

D

E

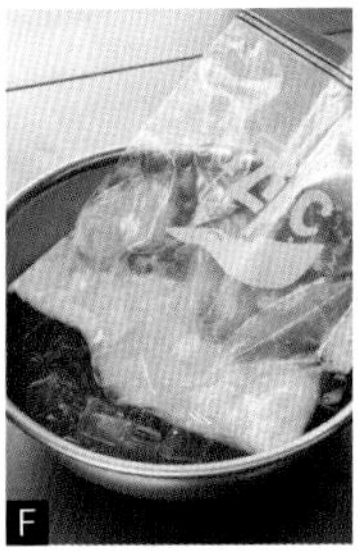
F

Arrange コロッケ

マンテカートの生地にころもをつけて揚げればコロッケに。ねっとりしたマンテカートとカリカリのころもが好相性。芯に角切りのフォンティーナチーズを詰めて直径3cmほどの球状に。冷凍室や冷蔵室で冷やしてから揚げると、形が崩れにくくなります。

Arrange グラタン

マンテカートの生地はグラタンソース代わりにも。マンテカートの1/2量のベシャメルソースを混ぜれば、よりなめらかでマイルドに。ブロッコリなどのゆで野菜を混ぜ、パン粉や粉チーズをふってオーブン焼きするだけで完成です。

基本のパスタソース4種

冷製トマトソース

Spaghetti al pomodoro fresco

水分を飛ばしながら煮詰める必要のあるソースは低温調理が難しいもの。
トマトソースもそのひとつで、ベースとなるものを鍋で作っておき、
食材をプラスして低温調理すればいろいろな料理に展開できます。
今回のソースは生のミニトマトが柔らかくなり、トマトソースになじめばでき上がり。温製でもどうぞ。

材料（2人分）

トマトソース（下記）……300g
ミニトマト（半割）……20個分
バジリコ（粗くちぎる）……8枚分

スパゲッティーニ……180g
パスタをゆでる水……2ℓ、塩……20g
E.V.オリーブ油……20ml
バジリコ（飾り用）……1枝

＊プロセス写真は1人分の材料。

A

B

C

D

E

1 下ごしらえ

❶トマトソース（A）、ミニトマト、バジリコを食品用耐熱袋に入れる（B）。

2 低温調理

低温調理の水槽を85℃に予熱する。水温が目標温度に達したら、ソースの入った袋を水槽に沈め、水圧法で脱気。封をして15分調理する（C）。

3 仕上げ

❶袋を湯から取り出し、氷水で急冷する（D）。底に氷水をあてたボウルに中身をあけ、混ぜながらしっかり冷やす。

❷スパゲッティーニを塩を加えた湯で10分ゆでる（E）。湯をきり、氷水に入れてもみ洗いするようによく冷やし、キッチンペーパーで包んで水気をよくきる。①のソースに入れ、オリーブ油を加えてよく絡めながら和える。器に盛ってバジリコを飾る。

◆保存は袋のまま氷水で冷却後、冷蔵室で2〜3日、チルド室で4〜5日、冷凍で1カ月。

トマトソース

材料（作りやすい分量）

ホールトマト（缶詰）……1.2kg
玉ねぎのソッフリット＊……大さじ1と1/2
にんにく（みじん切り）……2片分
E.V.オリーブ油……適量
塩……適量

＊玉ねぎを炒めて甘み、旨みを引き出したもの。玉ねぎのみじん切り（1個分）とE.V.オリーブ油（50ml）を鍋に入れて中火で油を絡ませるように炒める。温まったら弱火にして水（大さじ2）を加え、蓋をして時々混ぜながら10分ほど炒める。

作り方

❶ホールトマトをボウルに入れて泡立て器でつぶす。

❷鍋に玉ねぎのソッフリットとオリーブ油少量を入れて中火にかけ、温める。弱火にし、にんにくを加えて香りが出るまで炒める。

❸ホールトマトを加えてよく混ぜ、火加減を強める。沸いてきたら弱火にし、時々混ぜながら30分ほど煮込む。塩を加えて味をととのえる。

濃厚カルボナーラソース

Spaghetti alla carbonara

材料（2人分）

卵黄……4個分
生クリーム（乳脂肪分42%）……60ml
パルミジャーノ（粉末）……80g
E.V.オリーブ油……20ml
パンチェッタ（棒切り）……60g
水……80ml

スパゲッティーニ……180g
パスタをゆでる水……2ℓ、塩……20g
黒粒こしょう、パルミジャーノ（粉末）……各適量

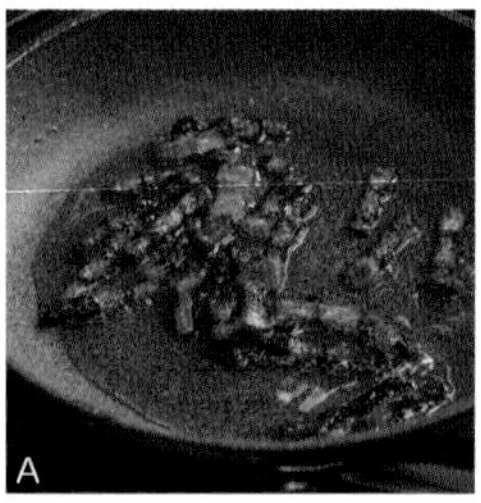
A

B

C

卵液がそぼろ状に固まったり、火入れが足りずにシャバシャバになったりの失敗はゼロ。ねっとりなめらかな理想のカルボナーラが作れる。

1 下ごしらえ

❶卵黄、生クリーム、パルミジャーノをボウルに入れ、混ぜ合わせる。

❷フライパンにオリーブ油とパンチェッタを入れて中火にかけ、熱くなったら弱火にして脂分を溶かし出すように炒める。脂身が透き通ってきたら水を加えて焼き汁の旨みを溶かし、火を止める（A）。

❸②を焼き汁ごと①に加えて混ぜ合わせ（B）、食品用耐熱袋に入れる。

2 低温調理

低温調理の水槽を70℃に予熱する。水温が目標温度に達したら、ソースの入った袋を水槽に沈め、水圧法で脱気。封をして15分調理する（C）。

3 仕上げ

❶袋を湯から取り出す。

❷スパゲッティーニを塩を加えた湯で7分ゆでる。湯をきり、①のソースで和えて器に盛り、粗く砕いた黒こしょうをふる。好みでパルミジャーノをふってもよい。

◆保存は袋のまま氷水で冷却後、冷蔵室で2〜3日、チルド室で4〜5日、冷凍は不可。リヒート（70℃ 10分）して用いる。

いかすみソース

Spaghetti al nero di seppia

材料（2人分）
トマトソース（p.77）……60g
いかすみ（市販のペースト）……20g
するめいか（輪切り）……280g
塩……適量

スパゲッティーニ……180g
パスタをゆでる水……2ℓ、塩……20g
イタリアンパセリ（粗みじん切り）……適量

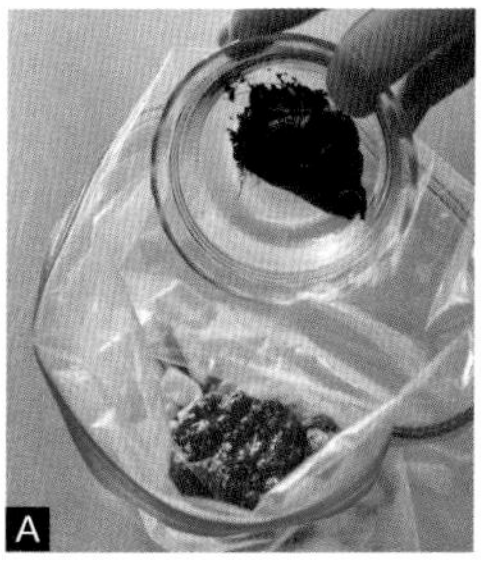
A

B

C

いかの身をたっぷり入れて作るソース。いかの生臭みが出たり身が硬くなったりすることもなく、袋の中で完結する調理は洗いものも楽。

1 下ごしらえ

❶するめいかに塩をふる。

❷①、いかすみ、トマトソースを食品用耐熱袋に入れる（A）。

2 低温調理

低温調理の水槽を70℃に予熱する。水温が目標温度に達したら、ソースの入った袋を水槽に沈め、水圧法で脱気。封をして20分調理する（B、C）。

3 仕上げ

❶袋を湯から取り出す。

❷スパゲッティーニを塩を加えた湯で7分ゆでる。湯をきり、①のソースで和えて器に盛り、イタリアンパセリを散らす。

◆保存は袋のまま氷水で冷却後、冷蔵室で1～2日、チルド室で3～4日、冷凍で1カ月。リヒート（70℃ 10分）して用いる。

Idea!

いかの応用として、「いかのミンチとトマトのラグーソース」も低温調理でうまくできます。海老、いか、貝類をトマトソースと組み合わせれば、おなじみの「ペスカトーラ」に。

ボロニェーゼソース
Spaghetti alla bolognese

低温調理では水分を飛ばしながら濃縮させることができないため、あらかじめ鍋で作っておいたトマトソースをベースにします。ひき肉を香ばしく炒め、赤ワインを加えてアルコール分と酸味を飛ばしてから、トマトソースやチキンブイヨンと合わせて低温調理に。焦げつきの心配もなく、1時間で味がなじみます。

材料（2人分）

合いびき肉…200g
玉ねぎのソッフリット*……10g
赤ワイン……30ml
トマトソース（p.77）……100g
チキンブイヨン……30ml
E.V.オリーブ油……適量
塩……適量

スパゲッティーニ……180g
パスタをゆでる水……2ℓ、塩……20g
パルミジャーノ（粉末）、黒こしょう……各適量

＊玉ねぎのソッフリットは、玉ねぎのみじん切り（1個分）をE.V.オリーブ油（50ml）と水（大さじ2）でじっくり炒め煮にしたもの。

1 下ごしらえ

❶合いびき肉に塩をふる。フライパンにオリーブ油をひいて強火にかけ、ひき肉を炒める。肉をほぐすように混ぜながら（A）、水分を飛ばして肉の表面がこんがりするまで炒める。脂がパチパチとはぜるような音がしてきたら赤ワインを入れて沸かし（B）、アルコール分を飛ばす。

❷①を食品用耐熱袋に入れ、玉ねぎのソッフリット、トマトソース、チキンブイヨンを加える（C）。

2 低温調理

低温調理の水槽を90℃に予熱する。水温が目標温度に達したら、ソースの入った袋を水槽に沈め、水圧法で脱気。封をして1時間調理する（D）。

3 仕上げ

❶袋を湯から取り出す。

❷スパゲッティーニを塩を加えた湯で7分ゆでる。湯をきり、①のソースで和え、パルミジャーノ少量を加え混ぜる。器に盛り、パルミジャーノと黒こしょうをふる。

◆保存は袋のまま氷水で冷却後（E）、冷蔵室で2〜3日、チルド室で4〜5日、冷凍で1カ月。リヒート（90℃ 約10分）して用いる。電子レンジでもよいが、大量に温める時は突沸に注意。

◆保存目的で作る場合は、低温調理器の調理時間を倍の2時間にする。

A

B

C

ボロニェーゼソースの鉄則は、赤身の多いひき肉を使うこと。脂身が多いと炒めた時に脂が溶けて身がやせ、ボソボソになりがちです。また、肉のひき方は粗びきがベター。旨みが逃げず肉の存在感のあるソースになります。ナッツメッグやローリエを入れて風味づけしても。

90℃
1時間

D

E

左より「アクアパッツァ」川合大輔料理長、濱田翔希さん、田中大晴さん。日髙シェフと共に本書レシピ開発に参加。

めかじきのソテー
Pesce spada in padella

めかじきのトマト煮
Pesce spada al pomodoro

南イタリアでポピュラーな魚料理を２つ。実はこれ、同じ水槽で同時に低温調理したもの。
加熱温度が同じなら料理ごとに別袋に仕込んで、ひとつの水槽で時差調理できる好例です。
ソテーは塩とオイルで低温調理後、フライパン焼きに。トマト煮は材料をすべて袋に入れ、
低温調理するだけ。調理時間が違うので、タイマーをうまく使います。

めかじきのソテー

材料（1 人分）

めかじき（切り身、生）……1 枚（180g）
塩……適量
E.V. オリーブ油……10ml
ソース
　レモン汁……15ml
　E.V. オリーブ油……30ml
　オレガノ（ドライ）……3g
　塩……適量

めかじきのトマト煮

材料（1 人分）

めかじき（切り身、生）……1 枚（180g）
塩……適量
トマトソース（p.77）……70g
ミニトマト（半割）……8 個分
イタリアンパセリ（粗みじん切り）……適量

A

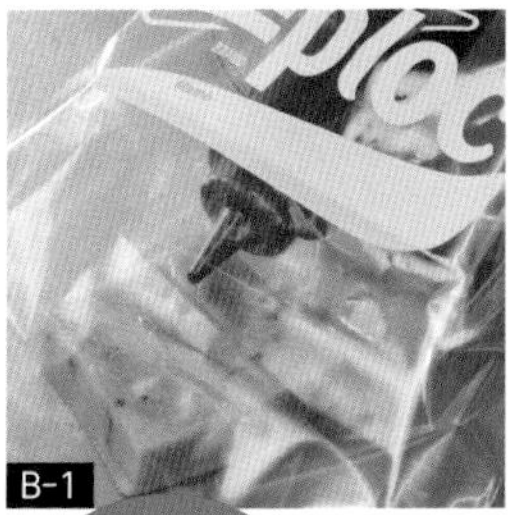
B-1

B-2

C

温度設定が同じなら同時に複数の調理ができる。

D

E

同時に作ってひとつを保存すれば手間が少ない。

めかじきのソテー

1 下ごしらえ

めかじきの両面に塩をふり（A）、食品用耐熱袋に入れる。オリーブ油を加える（B-1）。

2 低温調理

低温調理の水槽を70℃に予熱する。水温が目標温度に達したら、めかじきの入った袋を水槽に沈め、水圧法で脱気。封をして 15 分調理する（C）。

3 仕上げ

❶袋を湯から取り出す。フライパンを中火にかけ、めかじきを入れて両面を香ばしくソテーする（D）。

❷ソースの材料を混ぜる。

❸めかじきを器に盛り、②のソースをかける。

付け合わせ

低温調理したカポナータ（p.92）。

めかじきのトマト煮

1 下ごしらえ

めかじきの両面に塩をふり（A）、食品用耐熱袋に入れる。トマトソースとミニトマトを加える（B-2）。

2 低温調理

低温調理の水槽を70℃に予熱する。水温が目標温度に達したら、めかじきの入った袋を水槽に沈め、水圧法で脱気。封をして 30 分調理する（C）。

3 仕上げ

袋を湯から取り出し、めかじきを煮汁ごと器に盛る。イタリアンパセリを散らす。

◆保存は袋のまま氷水で冷却後（E）、冷蔵室で 2～3 日、チルド室で 4～5 日、冷凍で 1 カ月。リヒート（70℃ 約 10 分）して用いる。また、めかじきのソテーも、すぐに仕上げない場合は袋のまま氷水で冷却後、上記と同様に保存し、リヒート（70℃ 約 10 分）して用いる。

◆保存目的で作る場合は、低温調理器の調理時間をそれぞれ倍にする。

骨付き仔羊肉のグリル
Costolette di agnello alla griglia

仔羊ロース肉の目指す火入れは、ロゼ色の切り口。骨2本分の塊で
70℃ 30分の低温調理にかけると、中心温度は63℃に。この段階で引きあげ、
表面を香ばしく焼けば、骨1本単位に切り分けた時に柔らかなロゼ色の断面が現れます。
付け合わせのグリーンピースも冷凍品を低温調理すると、豆の風味の濃いおいしい煮込みに。

材料（2人分）
仔羊ロース肉（骨付き）……200g
塩……適量
ローズマリー……2枝
にんにく（皮付き）……1片
E.V.オリーブ油……適量

カッチャトーラソース
　にんにく（みじん切り）……3g
　アンチョビ……2枚
　ローズマリー（みじん切り）……1枝分
　白ワインヴィネガー……20ml
　E.V.オリーブ油……5ml

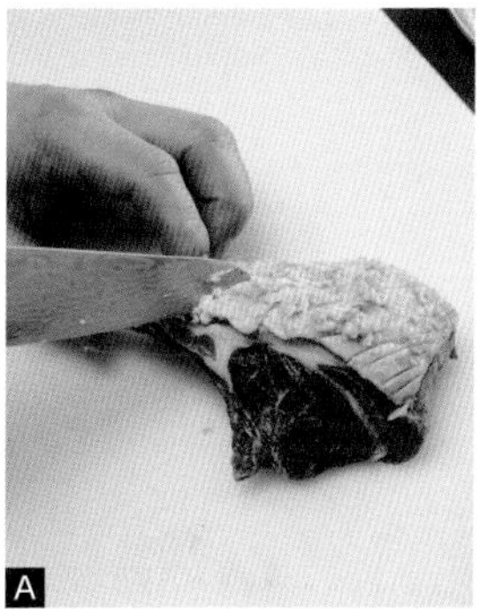
A

B

1 下ごしらえ

❶仔羊ロース肉の外側の脂身に、包丁で細かく格子状の切り目を入れる（A）。

❷①の両面に塩をふり、ローズマリー、にんにくと共に食品用耐熱袋に入れる（B）。

C

2 低温調理

低温調理の水槽を70℃に予熱する。水温が目標温度に達したら、仔羊肉の入った袋を水槽に沈め、水圧法で脱気。封をして30分調理する（C）。

D

E

3 仕上げ

❶袋を湯から取り出し、仔羊肉の水気をキッチンペーパーで拭く（D）。フライパンにオリーブ油をひいて中火にかけ、仔羊肉、ローズマリー、にんにくを入れる。最初に脂の面をしっかり焼いて脂を落とし、残りの面も順に香ばしく焼く（E）。骨1本ずつに切り分けて器に盛る。

❷①のフライパンの油脂を捨て、カッチャトーラソースのにんにく、アンチョビ、ローズマリーを入れて炒め、香りが出たら白ワインヴィネガーを加えて沸かす。最後にオリーブ油を混ぜる。

❸仔羊肉に②のソースをかける。

付け合わせ

低温調理したグリーンピースの煮込み（p.92）。

◆すぐに仕上げない場合、保存は袋のまま氷水で冷却後（F）、冷蔵室で2〜3日、チルド室で4〜5日、冷凍で1 カ月。リヒート（70℃　約20分）して用いる。

F

鶏もも肉のヴィネガー煮

Coscia di pollo all'aceto

「鶏の白ワインヴィネガー煮は、思い出深いイタリア家庭料理のひとつ。低温調理器を用いるレシピでは、下ごしらえで鶏肉の皮目を香ばしく焼くのがポイントですね」と日高シェフ。
その後、副材料と水分を加える手順は、通常のレシピと同じ。後半の煮込む工程を低温調理にゆだねるわけですが、わずか100mlの水分でしっとり味を含ませられるのは驚きです。

材料（3〜4人分）
鶏もも肉……300〜400g
玉ねぎ（薄切り）……1/2個分
オリーブ（緑）……8個
ブラウンマッシュルーム……6個
ローズマリー……1枝
白ワインヴィネガー……50ml
水……50ml
塩……適量
E.V.オリーブ油……適量

1 下ごしらえ

❶鶏もも肉を4等分に切り、両面に塩をふる。フライパンにオリーブ油をひいて中火にかけ、鶏肉の皮を下にして濃い焼き色がつくまで焼く（A）。

❷裏返しにし、玉ねぎを加えて、軽く火を入れる。白ワインヴィネガーと水を入れて、強火で沸かす（B）。

❸②を水分ごと食品用耐熱袋に入れる（C）。オリーブとマッシュルーム、ローズマリーを加える（D）。

2 低温調理

低温調理の水槽を85℃に予熱する。水温が目標温度に達したら、鶏もも肉の入った袋を水槽に沈め、水圧法で脱気。封をして1時間調理する（E）。

3 仕上げ

袋を湯から取り出し、器に盛る。

◆保存は袋のまま氷水で冷却後（F）、冷蔵室で2〜3日、チルド室で4〜5日、冷凍で1カ月。リヒート（85℃ 約15分）して用いる。電子レンジでも。

Idea!

鶏肉と一緒に入れた玉ねぎ、オリーブ、マッシュルームは味出し、コク出しに優れた素材。煮込み料理では肉も野菜も同じ袋に入れて低温調理できないものかと考えがちですが、いも類や根菜などが柔らかくなる温度帯は95℃。肉も野菜も同時に……は難易度が高いのです。肉はシンプルに煮込み、副菜で野菜を用意するのが賢明です。

A

B

C

D

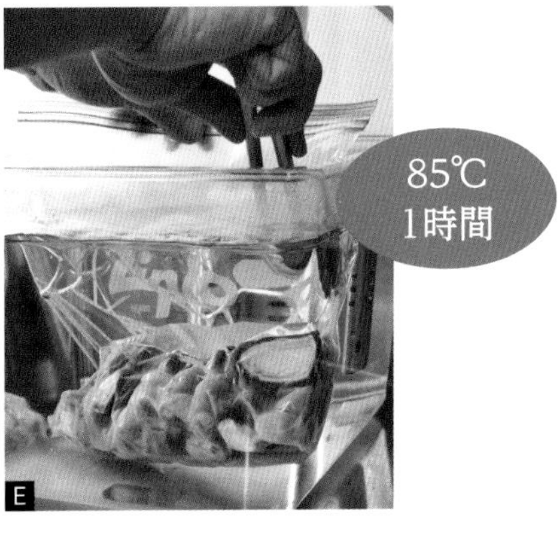

E

F

サルシッチャ

Salsiccia

サルシッチャはイタリア版ソーセージ。低温調理の力を借りれば、ケーシングなしでも
ラップで包んで成形・調理が簡単にできます。「風味づけのハーブも、大きさや太さなど形状もご自由に。
低温調理後は表面を香ばしく焼けば一品料理、ほぐしてパスタソースや煮込みなどにも広く使えます。
サルシッチャのパスタも絶品ですよ」と日髙シェフ。

材料（3本分／1本100g）
豚ひき肉（極粗びき*）……300g
塩……3.6g（豚肉の重量の1.2%）
黒こしょう……1.5g
ローズマリー（みじん切り）……2枚分
セージ（みじん切り）……6枚分
E.V.オリーブ油……適量

＊豚肉のひき加減は好みでよいが、粗いほうが肉のボリューム感が出る。赤身と脂身を9：1の配合で合わせ、包丁できざんで使うのもおすすめ。

1 下ごしらえ

❶ボウルにオリーブ油以外の材料をすべて入れ、粘りが出て全体がまとまるまで混ぜる（A）。3等分に分け、それぞれ手のひらで数回キャッチボールをするように叩いて空気を抜く。好みの太さの棒状に整える。

❷大きめにラップを切って広げ、手前側にたね1個分を置く。手前のラップをたねにかぶせてピッタリと貼り付け、そのまま空気が入らないように奥へ転がして巻き込む。次にたねの両脇のラップを上から押さえつけ、そのまま手前に転がしてラップを密着させる。両脇の余ったラップをねじり、固結びにして余分な部分をハサミで切り落とす（B、C）。残り2個も同様に作る。

ラップとたねの間に空気が入らないように、ピッタリと貼り付けて包む。空気が入ると水槽内で浮きやすく、雑菌の繁殖の元にもなる。

❸食品用耐熱袋に入れて脱気し、封をする（D）。

2 低温調理

低温調理の水槽を75℃に予熱する。水温が目標温度に達したら、サルシッチャの入った袋を水槽に沈め、25分調理する（E）。

3 仕上げ

❶袋を湯から取り出し、サルシッチャのラップをはずす。フライパンにオリーブ油を薄くひいて中火にかけ、サルシッチャを香ばしい焼き色がつくまで焼く（F）。

火が強すぎるとサルシッチャに混ぜたハーブが焦げるので注意。

❷器にレンズ豆の煮込みを敷き、サルシッチャを盛る。

付け合わせ

レンズ豆の煮込み。

レンズ豆（乾燥）500g、水750ml、にんにく1片（皮つき）、ローズマリー1枝、塩少々を鍋に入れ、強火にかける。沸騰したら中火にして豆が柔らかくなるまで18〜20分煮込む（水分が常にひたひたになるよう水を足しながら煮る）。材料は作りやすい分量。

◆保存は袋のまま氷水で冷却後、冷蔵室で2〜3日、チルド室で4〜5日、冷凍で1カ月。リヒート（75℃ 約10分）して用いる。

Arrange

ペンネのサルシッチャソース

Penne al pomodoro con salsiccia

ハーブと塩だけで田舎風シャルキュトリーの味わいが楽しめるサルシッチャ。木べらなどでざくっとほぐし炒めにし、トマトソースとミニトマトを合わせれば、香り高いパスタソースの完成。ペンネに絡めてパルミジャーノとイタリアンパセリを散らします。

ドルチェ２品

ボネ
Bonet

ココア風味のボネはプリン同様、生地を型に流して型ごと低温調理が便利。
厚手の陶器は時間がかかるので、ステンレスやアルミの薄手の型がおすすめ。

柑橘のコンポート
Composta di agrumi

柑橘のシロップ煮は低温調理を利用すると形が崩れず、皮ごとおいしく
食べられます。日向夏、金柑、文旦などでも。小ぶりの柑橘なら丸ごとで。

ボネ

材料(約12×9×高さ6cmの深型バットなどの型1台分)

ⓐ
- 全卵……2個
- 卵黄……1個分
- アマレッティ*(細かく砕いたもの)……60g
- ココアパウダー……12g
- グラニュー糖……100g
- ラム酒……5ml

ⓑ
- 牛乳……250ml
- バニラビーンズ……1/4本

カラメルソース
　グラニュー糖……100g、水……10ml

＊イタリアのアーモンド粉のクッキー。

1 下ごしらえ

❶小鍋にカラメルソースの材料を入れて強火にかけ、溶けてきたら鍋をゆすりながら焦げ色がつくまで熱する。型に流し入れて冷蔵室で冷やし固める。

❷別の小鍋にⓑを入れて中火にかけ、沸騰する直前で火を止める。

❸ボウルにⓐを入れてよく混ぜ、②を漉しながら加えてよく混ぜる。①の型に流し入れ、蓋代わりにキッチンペーパーをかぶせてアルミホイルで覆う。全体をラップで包み、食品用耐熱袋に入れて封をする(A、B)。

型にキッチンペーパーをかぶせると生地から上がった蒸気を吸い、水滴となって落ちないので美しく仕上がる。

2 低温調理

低温調理の水槽を85℃に予熱する。水温が目標温度に達したら、型が入った袋を水槽に沈め、1時間45分調理する(C)。

型が浮きやすいので水槽にラックなどを置いて、固定する。生地の上面はちょうど湯に浸かっているようにする。無理に型を水槽に沈めようとせず、水面に浮かせて湯せん調理する。

3 仕上げ

❶袋を湯から取り出し、氷水で急冷後、冷蔵室で冷やす(1日おくと締まって形が整う)。

❷型と生地の境に包丁を入れて一周し、皿などにあけ、好みの大きさに切る。

付け合わせ

ホイップクリーム。カスタード系のソースでも。

◆保存は冷蔵室で2〜3日、チルド室で4〜5日、冷凍は不可。

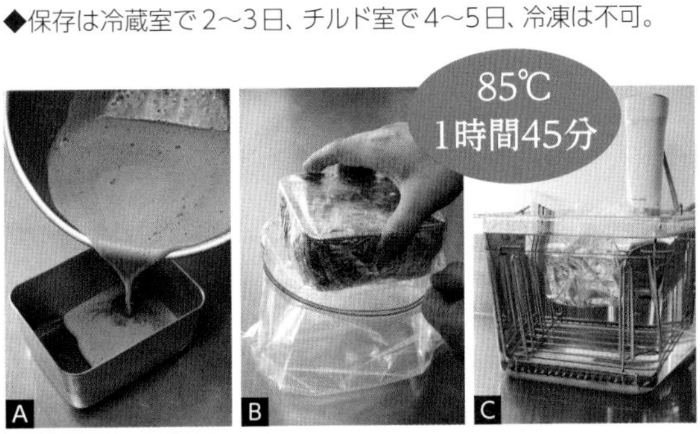

柑橘のコンポート

材料(作りやすい分量)

グレープフルーツ……1個
シロップ
　グラニュー糖……210g、水……150ml
タイム……1枝

1 下ごしらえ

❶グレープフルーツの皮をよく水洗いし、水分を拭き取って8等分のくし形に切る。種子があれば除き、中心部の白いわたを切り落とす(A)。

❷グラニュー糖と水を火にかけて溶かし、シロップを作る。

❸①、②とタイムを食品用耐熱袋に入れる(B)。

シロップは熱いままでも、冷たいものでもよい。

2 低温調理

低温調理の水槽を90℃に予熱する。水温が目標温度に達したら、グレープフルーツの入った袋を水槽に沈め、水圧法で脱気。封をして1時間調理する(C)。

3 仕上げ

袋を湯から取り出し、氷水で急冷後、冷蔵室で冷やす。

付け合わせ

バニラのジェラート。

◆保存は袋のまま氷水で冷却後、冷蔵室で1週間ほど、冷凍は不可。

低温調理でもっと手軽に[付け合わせ]

低温調理の素材ごとの適温は、肉や魚では、たんぱく質の凝固する温度で考えますが、
野菜や果物では、食物繊維を形成しているペクチンの分解（80℃以上）や
セルロースの分解（90℃以上）を促す加熱が必要になります。
「90℃以上なら直火で調理すればいい」と思われるかもしれませんが、
野菜を低温調理で仕上げるメリットは複数の料理を1台で同時進行できる点。
付け合わせも袋別に仕込んで同じ90℃で一度に湯せん調理すれば、鍋などの洗い物も減らせて、
袋のまま冷蔵・冷凍でストック⇒そのままリヒートと便利な循環に。

カポナータ（p.82）

材料（作りやすい分量）

なす……2本
玉ねぎ（粗みじん切り）……1/4個
セロリ（幅1cmの輪切り）……20g
ⓐ トマトペースト……10g
　ケイパー（酢漬け）……15g
　オリーブ（緑）……10粒
　松の実……15g
　白ワインヴィネガー……大さじ1
　グラニュー糖……10g
E.V.オリーブ油、揚げ油、塩……各適量

1 下ごしらえ

❶なすを3等分に切り、180℃の油で揚げて塩をふる。

❷セロリを2分ほど塩ゆでする。玉ねぎをオリーブ油でしんなりするまで炒め、セロリを加えて炒め合わせる。

❸①と②を食品用耐熱袋に入れ、ⓐを加える。

2 低温調理

90℃
30分

低温調理の水槽を90℃に予熱する。水温が目標温度に達したら、野菜の入った袋を水槽に沈め、水圧法で脱気。封をして30分調理する。

グリーンピースの煮込み（p.84）

材料（作りやすい分量）

グリーンピース（冷凍）*……125g
パンチェッタ（粗みじん切り）……25g
塩……1g強（グリーンピースの重量の1%）

＊水を入れずに冷凍豆のもつ水分で調理するので、旨み、甘み、香りがひときわ濃い煮込みになる。

1 下ごしらえ

❶パンチェッタをフライパンに入れて、脂身が透き通るまで中火で炒める。

❷グリーンピースと①、塩を食品用耐熱袋に入れる。

2 低温調理

90℃
30分

低温調理の水槽を90℃に予熱する。水温が目標温度に達したら、グリーンピースの入った袋を水槽に沈め、水圧法で脱気。封をして30分調理する。

◆保存は共通で、袋のまま氷水で冷却後、冷蔵室で2～3日、チルド室で4～5日、冷凍で1カ月。リヒート（90℃ 約10分）して用いる。電子レンジでも。

Chapter 4

フランス料理

「低温調理器は実に活用しがいのある
調理ツールです。家庭用とあなどるなかれでした！
肉や魚の調理の基本は温度によるたんぱく質の
コントロール。デザートにも威力を発揮してくれます」

髙 良 康 之

Yasuyuki Takara

レストラン ラフィナージュ

ベーシックレシピ［鶏肉］

鶏胸肉のサラダ仕立て

Poitrine de poulet pochée

低温調理の大定番、サラダチキン。
鶏肉を低温調理する場合の標準的な温度帯は57～70℃とされますが65℃を超えると離水してパサつき始めます。サラダチキンをしっとりと仕上げるベストの温度帯と調理時間はシェフによっても好みが分かれるところ。髙良シェフのおすすめは63℃で1時間です。まず、その極上の質感をサラダ仕立てにしてどうぞ。

（作り方p.96 ～97）

Arrange

鶏胸肉のソテー

Sauté de poitrine de poulet

「低温調理は湯せんによる加熱なので、素材に均一に火が入るのが一番の特徴。
サラダチキンをアレンジするならソースやたれで味変させるのもいいですが、
表面を焼くことによってメリハリをプラスするという発想もあります」と髙良シェフ。
こちらは、皮面だけを香ばしく焼き、その熱で肉全体をほんのりと温める
“ティエド”のソテーです。肉にはすでに火が通っているので、
必要以上の加熱でパサつかせないのが肝心です。

(作り方p.97)

ベーシックレシピ [鶏肉]

下ごしらえ

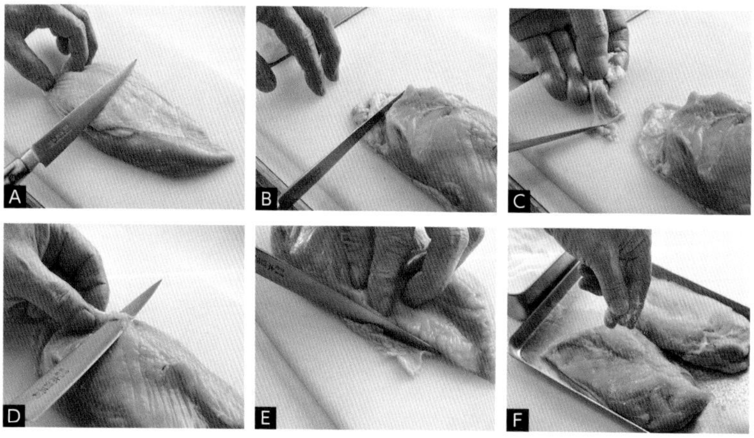

❶鶏胸肉は、皮面についている汚れを包丁の刃でこそげ取る (A)。裏返して、肉の端に黄色い脂の塊があれば切り落とす (B、C)。

鶏の脂は63℃の低温調理なら溶けやすいが、塊はぬめっとした口当たりが残ることがあるので除いておく。

❷スジがあれば包丁で引いて除き (D)、肉の端に軟骨が残っていれば切り落とす (E)。

❸鶏肉の両面に塩とトレハロースをふる (F)。

低温調理

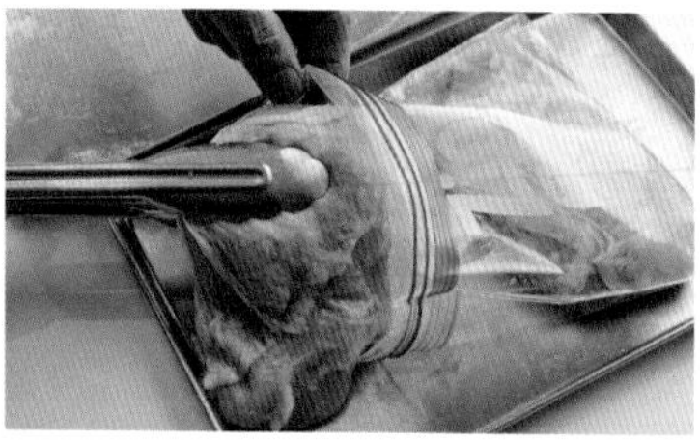

1 耐熱袋に入れる。

鶏肉を食品用耐熱袋に入れる。衛生管理のため、肉はトングでつかんで袋へ。直接手指で持たないようにする。

2 袋を脱気する。

袋の中の空気を抜いて封をする (水圧法の場合は軽く袋を閉じる)。肉を複数枚入れる時は重ならないように。

3 予熱した水槽に袋を入れる。

低温調理の水槽を63℃に予熱する。水温が目標温度に達したら、鶏肉の入った袋を入れる (水圧法の場合はここで完全に封をする)。

4 低温調理する。

袋を水槽に沈めて、タイマーをセットして1時間調理する。肉は厚さによって加熱時間を変える (p.9参照)。

5 氷水で急冷する。

袋を湯から取り出し、氷水に沈めて急冷する。中心部を30℃以下まで冷ます。

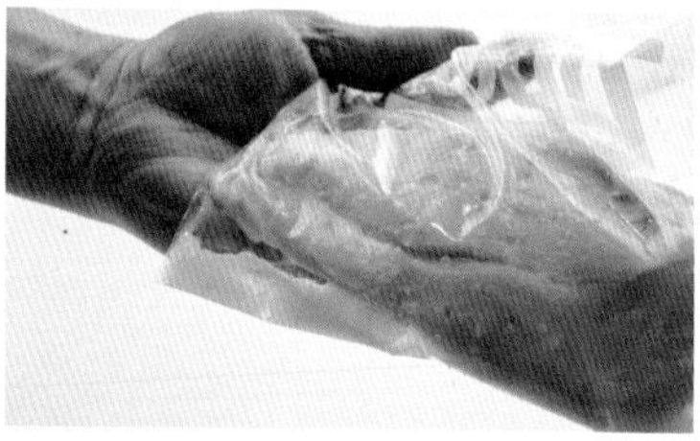

6 袋の水分をチェックする。

鶏肉からしみ出してきた水分を見て、赤い濁った血が混じっていないか確認。万が一、混じっていた場合は低温調理を延長する。

7 ペーパーで表面を拭く。

肉の表面には水分のほか、たんぱく質が凝固した薄膜ができており、食味が悪いのでキッチンペーパーで拭き取る。

鶏胸肉のサラダ仕立て

材料（作りやすい分量）

鶏胸肉（厚さ2.5cm）……2枚（250g）
塩……3g（鶏肉の重量の1.2%）
トレハロース*
　……1.5g（鶏肉の重量の0.6%）

ソース
　E.V.オリーブ油……60ml、バルサミコ酢*……15ml

付け合わせ
　葉野菜（レタス、アンディーブ、トレビス）、
　パルミジャーノ（薄切り）、クルトン*、黒こしょう

*鶏胸肉の低温調理には砂糖を使うことが多いが、糖質のひとつであるトレハロースがおすすめ。砂糖同様に保湿作用があり、甘味度が砂糖の1/2。味がすっきりしている。

*濃度の薄いバルサミコ酢は加熱して1/3量に濃縮させておく。

*クルトンはフランスパンを乾燥させ、手で不揃いにちぎると食感にアクセントが生まれる。

仕上げ

❶低温調理した鶏肉を適当な大きさに切り、手で細く裂く。
手で裂くと肉のジュ（汁）が逃げにくく、大きさや切り口の舌触りにバラつきが出て風味、食感ともに変化が生まれる。

❷器に付け合わせの野菜を盛り合わせて①を盛り、パルミジャーノとクルトンを散らして黒こしょうをふる。オリーブ油とバルサミコ酢を混ぜたソースを別添えする。

◆保存は袋のまま氷水で冷却後、肉から出た水分をきり、冷蔵室で2〜3日、チルド室で4〜5日、冷凍で1カ月。リヒート（63℃約10分）して用いる。

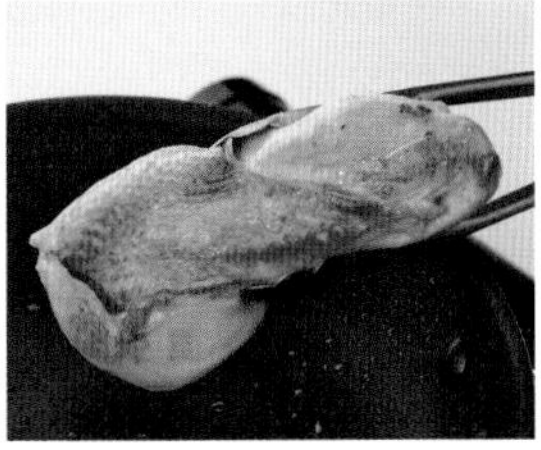

Arrange
鶏胸肉のソテー

材料（作りやすい分量）

鶏胸肉（250gを低温調理したもの）……全量
ピュアオリーブ油……20ml
トマトソース、バジルソース（共にp.113）……各適量

付け合わせ
　塩ゆでしたアスパラガス（ホワイト、グリーン）とそら豆、
　ミニトマト

仕上げ

❶フライパンにオリーブ油をひいて鶏肉の皮面を下にして置き、強めの中火にかけ、皮を香ばしく焼く（写真左下）。
ソテーの場合、肉の表面に水分が残っていると油が跳ね、焼き色がきれいにつきにくいので、事前にしっかり拭いておく。

❷焼き色がついたら鶏肉を取り出し、厚めに切り分ける。2種類のソース、付け合わせと共に器に盛る。

ベーシックレシピ [牛肉 その1]

サーロインステーキ

Bifteck

サーロインステーキが失敗なく焼ければ一人前。料理がますます楽しくなります。
低温調理が一番得意とするのが塊肉の料理で、
ステーキはその最たるもの。フライパン調理だけでは失敗しがちな焼きすぎや
加熱不足など、肉焼きのテクニックを低温調理がカバーしてくれます。
レアからウェルダンまでの焼き加減も自在。ここでは55℃のレア仕様で仕上げます。

（作り方p.100~101）

ベーシックレシピ [牛肉 その2]

ローストビーフ

Rosbif

大きな塊肉で作るのがローストビーフの醍醐味。
時間はかかりますが、厚さ5cmくらいまでがご家庭でトライできる大きさでしょうか。低温調理はステーキと同じ55℃ですが、フライパンで焼く時は肉が大きい分、ステーキより火力を抑えてゆっくり時間をかけながら香ばしく焼いていきます。
ステーキもローストビーフも低温調理後の仕上げの焼き方次第でプロの味わいに。髙良シェフのメソッドを参考にどうぞ。

（作り方p.102～103）

ベーシックレシピ [牛肉 その1] サーロインステーキ

材料 (2人分)
牛サーロイン肉 (厚さ2cm)…150g
塩……1.5g (牛肉の重量の1%)

ピュアオリーブ油……15ml
バター……10g

赤ワインソース (作りやすい分量)
　赤ワイン……250ml
　フォン・ド・ヴォー*……400ml
　塩……適量

付け合わせ
　焼き筍、うるい

*市販のフォン・ド・ヴォーやデミグラスソースでOK。

*肉は厚さによって加熱時間を変えるのが基本 (p.9参照)。

下ごしらえ

A

B

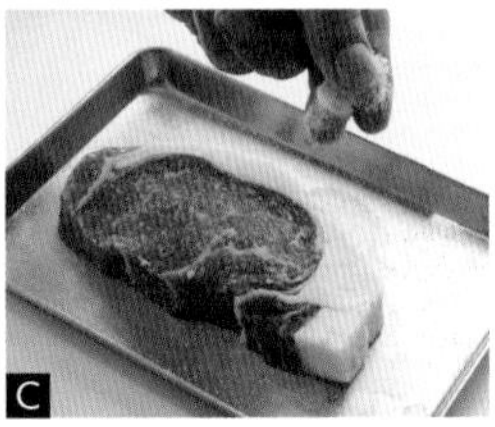
C

❶牛サーロイン肉は脂身が厚くついているところを適宜切り落とし、赤身に沿ってなだらかな形になるようにする (A、B)。

❷肉の両面に塩をふる (C)。

塩をふるタイミングは低温調理の直前。肉からドリップが出ることを考え、低温調理後に塩をする方法もあるが、味を均一に含ませる理由から、調理前に行う。

低温調理

1 耐熱袋に入れる。
牛肉を食品用耐熱袋に入れる。衛生管理のため、肉はトングでつかんで袋へ。直接手指で持たないようにする。

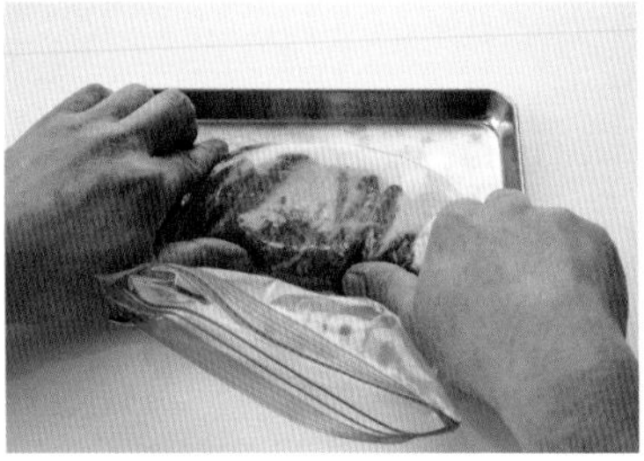

2 袋を脱気する。
袋の中の空気を抜いて封をする (水圧法の場合は軽く袋を閉じ、工程3で封をする)。

3 低温調理する。
低温調理の水槽を55℃に予熱する。水温が目標温度に達したら、牛肉の入った袋を水槽に沈め2時間調理する。

4 氷水で急冷する。
袋を湯から取り出し、氷水に沈めて急冷する。牛肉のステーキは熱いまま焼き始めると火が入りすぎるため、いったん冷ます。

5 ペーパーで表面を拭く。
肉の表面の水気をキッチンペーパーで拭き取る。

仕上げ

6 油で焼き始める。

フライパンにオリーブ油10mlを入れて強めの中火にかけ、温まったら牛肉を置く。

7 肉を温めながら焼き色をつける。

低温調理で火は入っているので手早く焼く。肉を動かしながら全体を均一に温め、香ばしい焼き色をつける。

8 余分な油脂を捨てる。

最後にきれいな油脂で焼くために、フライパンに溜まっている汚れた油脂を捨てる。

9 バターと油を足す。

新たにオリーブ油5mlとバターを加える。

10 バターの風味をつけながら焼く。

牛肉にバターの風味をまとわせながら香ばしく焼いていく。

11 香ばしくふっくらと焼き上げる。

肉の表裏だけでなく、側面も温める。

12 網にのせて油をきる。

肉全体がふっくらと膨らんできたら、仕上げ完了。網に取り出し、余分な油をきり、適宜切り分けて器に盛る。付け合わせ、赤ワインソースを添える。

◆保存は袋のまま氷水で冷却後、肉から出た水分をきり、冷蔵室で2〜3日、チルド室で4〜5日、冷凍で1カ月。リヒート(55℃約10分)して用いる。

赤ワインソース

❶赤ワインを鍋に入れて強火にかけ、沸騰したら中火にしてとろりとするまで煮詰める。

❷フォン・ド・ヴォーを加えて軽く煮詰めて、塩で味をととのえる。

ベーシックレシピ [牛肉 その2] ローストビーフ

材料 (作りやすい分量)
牛サーロイン肉 (厚さ5cm)…500g
塩……5g (牛肉の重量の1%)
ピュアオリーブ油……20ml
バター……20g
付け合わせ
　じゃがいものフリット

＊肉は厚さによって加熱時間を変えるのが基本 (p.9参照)。

下ごしらえ

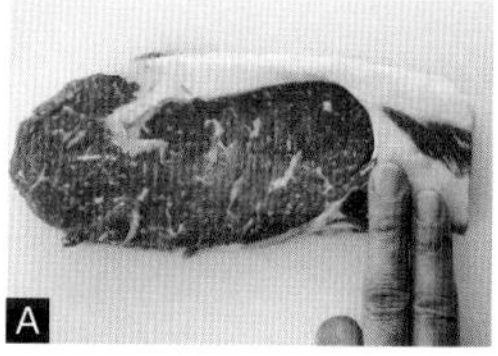

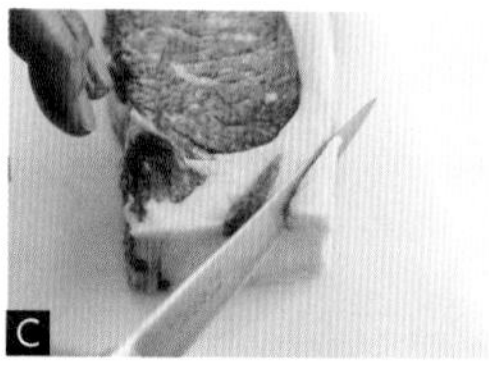

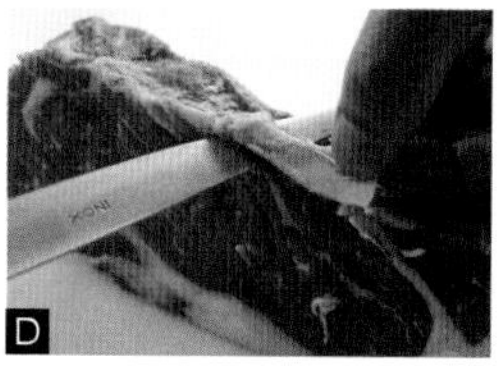

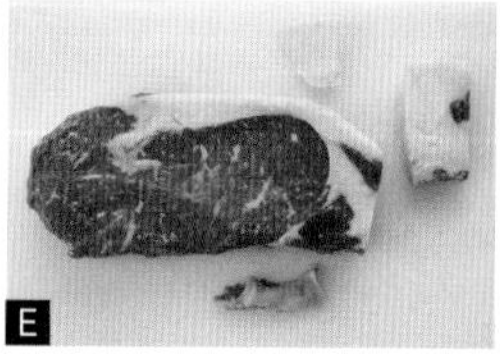

❶牛サーロイン肉を掃除する。脂身を奥と右側になるように置く。右側の脂身は指2本分の幅を残し、はみ出る部分を切り落とす (A、B)。脂身の右上角が直角になるので、斜めに切り落として脂身のバランスを整える (C)。手前の赤身の外側にスジがあるので切り離す (D)。

❷整えた牛サーロイン肉 (E)。香り、旨みを得るため、脂身、スジはこの段階ではすべてを取り除かない。低温調理終了後に取り除く (➡工程5)。

❸肉全体に塩をふる (F)。

低温調理

1 耐熱袋に入れて脱気する。
牛肉を食品用耐熱袋に入れる。肉はトングでつかんで袋へ。袋の中の空気を抜いて封をする (水圧法の場合は軽く袋を閉じる)。

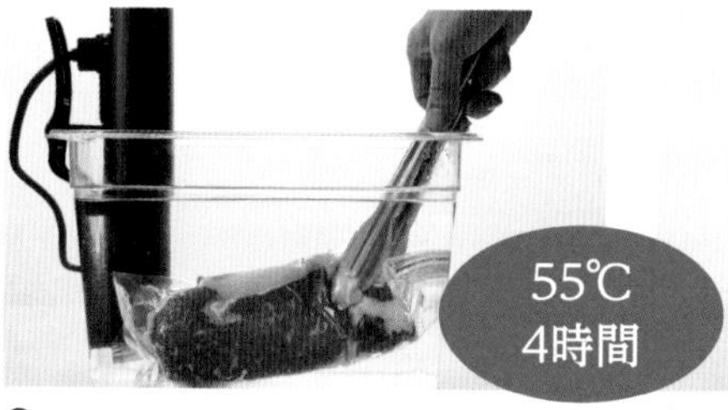

2 低温調理する。
低温調理の水槽を55℃に予熱する。水温が目標温度に達したら、牛肉の入った袋を水槽に沈め (水圧法の場合はここで完全に封をする)、4時間調理する。

3 氷水で急冷する。
袋を湯から取り出し、氷水に沈めて急冷する。ローストビーフは低温調理で均一に火が入っているため、温かいまま焼くと肉汁が流れやすいのでいったん冷ます。

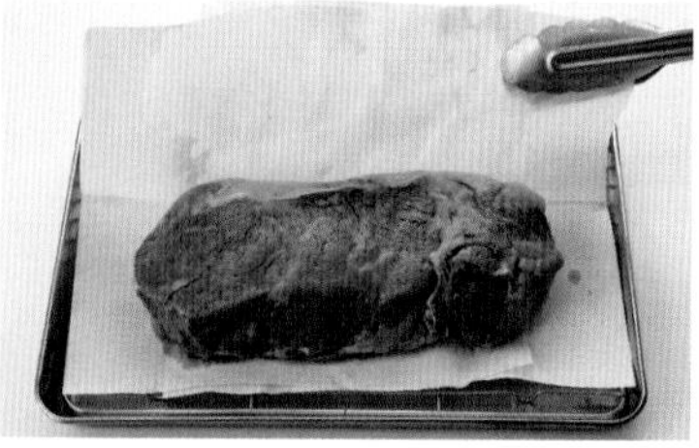

4 ペーパーで表面を拭く。
肉の表面の水気をキッチンペーパーで拭き取る。

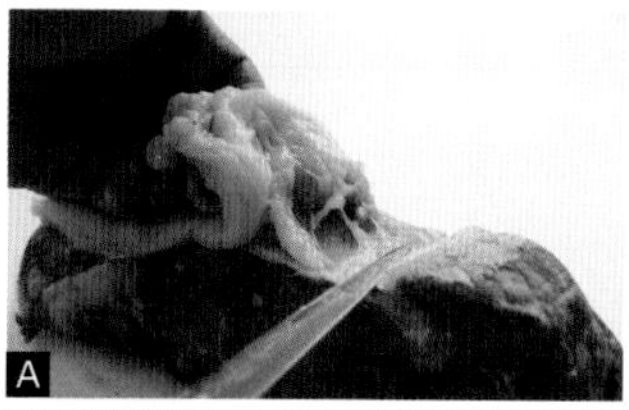

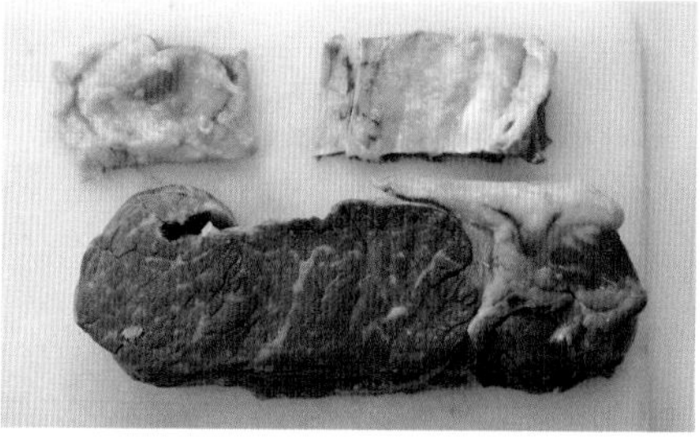

5 脂身を除いて整える。
肉の右端の脂身は赤身に残しておく。奥の厚い脂身の下にあるスジをめくり、すぐ下に包丁をあててスジと脂身をそぎ取る (A、B)。

仕上げ

6 油で焼き始める。

フライパンにオリーブ油15mlを入れて中火にかけ、温まったら牛肉を置く。

7 肉に焼き色をつけながら温める。

表面と裏面に焼き色をつける。動かさずに焼き固めると硬くなるので、肉の縁の油がはじけたら裏に返すなど頻繁に動かす。

8 側面も均一に焼く。

肉に厚みがあるので、両側面も同様に、こまめに動かしながらしっかりと均一に焼き色をつけて温める。

9 バターと油を足す。

牛肉をいったん取り出して網にのせ、フライパンに溜まっている油脂を捨てる。新たにオリーブ油5mlとバターを加えて溶かす。

10 バターの風味をつけながら焼く。

牛肉を戻し、肉が焼けた香ばしさにバターの風味をつけていく。端の脂身は、押さえつけて焼いて余分な脂を落とす。

11 脂身にアロゼする。

焼き汁をアロゼすることで脂身にしっかりと火が入り、肉全体にも焼き色と風味をつけることができる。

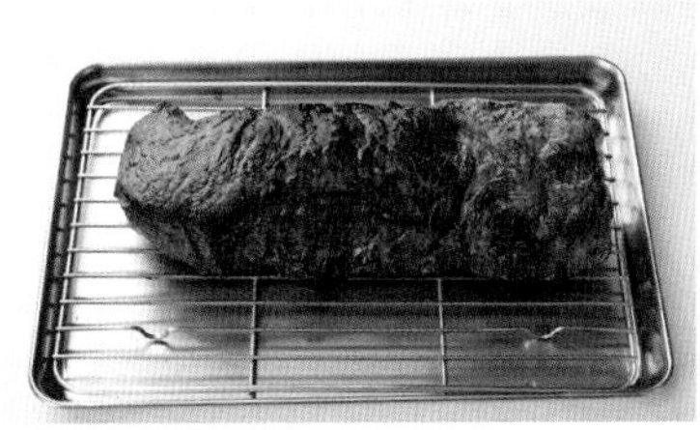

12 網にのせて油をきる。

おいしそうな色と香りに焼き上がったら、網に取り出して油をきる。面を大きく取りながら薄く切り分け、付け合わせと共に器に盛る。

◆保存は工程3のように袋のまま氷水で冷却後、肉から出た水分をきり、冷蔵室で2〜3日、チルド室で4〜5日、冷凍で1カ月。リヒート(55℃ 20〜30分)して用いる。

ローストビーフは切り口の赤みの美しさも命。仕上げに焼きすぎると艶やかさがなくなるので、焼き加減に注意する。マスタードやホースラディッシュを添えても。

ベーシックレシピ［牛肉 その3］

フィレステーキ

Biftec de filet mignon

フィレ肉は赤身主体の均質な肉で、形もシンプル。低温調理もフライパンでのソテーもやりやすいでしょう。焼き加減はレア、ミディアム、ウェルダンの３通りから自由に。焼き加減の違いは低温調理の温度と時間で決まります。レアから順に55℃、58℃、68℃がステーキ全般の基準です。

材料（2人分）

牛フィレ肉（100g、厚さ3cm）…2枚
塩……2g（牛肉の重量の1%）

ピュアオリーブ油……15ml
バター……10g

赤ワインバター（作りやすい分量）
　バター（柔らかくしたもの）…125g
　赤ワイン……300ml
　エシャロット（みじん切り）……20g
　縮みパセリ（みじん切り）……適量

付け合わせ
　下ゆでしたグリーンアスパラガス

＊肉は厚さによって加熱時間を変えるのが基本（p.9参照）。

レアは50℃がベストだが、菌繁殖のリスクのない最低温度の55℃で。ウェルダンは70℃を超えると肉汁が多く出て硬くなるため、一歩手前の68℃で。

下ごしらえ

❶牛フィレ肉はスジや薄膜などがあれば取り除く。

❷肉全体に塩をふる。

低温調理

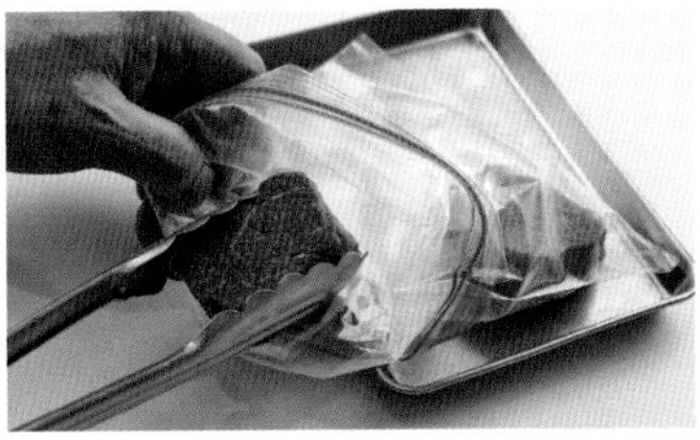

1 耐熱袋に入れて脱気する。
牛肉を食品用耐熱袋に入れる。肉はトングでつかんで袋へ。袋の中の空気を抜いて封をする（水圧法では工程2で封をする）。

2 低温調理する。
低温調理の水槽を予熱する。水温が目標温度に達したら、牛肉の入った袋を水槽に沈め調理する（温度と時間はp.104下段参照）。

3 氷水で急冷する。
袋を湯から取り出し、氷水に沈めて急冷する。ステーキは熱いまま焼くと肉汁が流れやすいので、すぐに焼く場合も冷ます。

4 ペーパーで表面を拭く。
肉の表面の水気をキッチンペーパーで拭き取る。

仕上げ

5 油で焼き始める。
フライパンにオリーブ油10mlを入れて中火にかけ、温まったら牛肉を置く。

6 肉に焼き色をつけながら温める。
フライパン上で肉を動かしたり回転させたりしながら焼き色をつけ、温める。フライパンの縁のカーブも利用すると焼きやすい。

7 バターと油を足す。
牛肉がふっくらし始めたら網の上に取り出す。フライパンの油脂を捨て、新たにオリーブ油5mlとバターを加えて溶かす。

8 バターの風味をつけながら焼く。
牛肉を戻し、肉が焼けた香ばしさにバターを焦がした風味をつけていく。ここでも頻繁に肉を動かしながら焼く。

9 焼き汁をアロゼする。
焼き汁は肉の上からもアロゼして風味をつけていく。バターがノワゼット色にしっかり色づいてくれば肉の火入れも終わり。

10 網にのせて油をきる。
焼き上がったら、網に取り出して油をきる。付け合わせと共に器に盛り、輪切りにした赤ワインバターをのせる。

赤ワインバター

❶赤ワインとエシャロットを鍋に入れて煮詰め、冷ます。バターを加え混ぜ、縮みパセリも混ぜる。

❷ラップで包んで筒形などに整え、冷蔵室で冷やし固める。

◆保存は袋のまま氷水で冷却後、肉から出た水分をきり、冷蔵室で2〜3日、チルド室で4〜5日、冷凍で1カ月。リヒートは低温調理したのと同じ温度で約10分。

ベーシックレシピ［豚肉］

ローストポーク

Rôti de porc

厚みのある豚ロース肉で作るローストは、鶏肉と同様パサつきが心配な料理。
低温調理を利用すれば、肉が硬く縮むこともなくジューシーさが保てます。
58℃はよりソフトに仕上がりますが、時間がかかるので63℃設定がおすすめ。

材料（作りやすい分量）

豚ロース肉（厚さ5cm）……500g
塩……6g（豚肉の重量の1.2%）

ピュアオリーブ油……15ml
バター……10g

チョリソソース
　チョリソ（粗みじん切り）……15g
　玉ねぎ（粗みじん切り）……30g
　ベーコン（粗みじん切り）……20g
　白ワイン……150ml
　フォン・ド・ヴォー*……150ml
　ピュアオリーブ油……10ml
　塩……適量

付け合わせ
　塩ゆでの新じゃが、コンテチーズ、
　カレー粉、シブレット

*市販のフォン・ド・ヴォーやデミグラスソースでOK。

*肉は厚さによって加熱時間を変えるのが基本（p.9参照）。

下ごしらえ

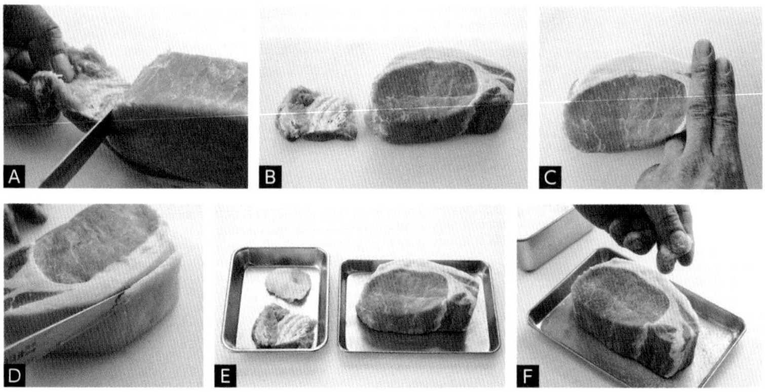

❶豚ロース肉の掃除をする。脂身を奥と右側になるように置く。左端のスジや薄膜がある部分を切り離す（A、B）。右側の脂身は指2本分の幅を残し、はみ出る部分があれば切り落とす（C）。奥の脂身は厚みが揃う程度に切り落とす（D）。整えた豚ロース肉（E）。

❷肉全体に塩をふる（F）。

低温調理

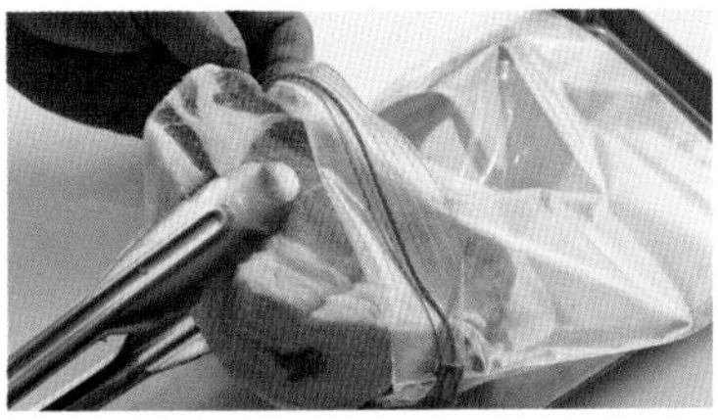

1 耐熱袋に入れて脱気する。

豚肉を食品用耐熱袋に入れる。肉はトングでつかんで袋へ。袋の中の空気を抜いて封をする（水圧法では工程２で封をする）。

2 低温調理する。

低温調理の水槽を63℃に予熱する。水温が目標温度に達したら、豚肉の入った袋を水槽に沈め４時間調理する。

3 氷水で急冷する。

袋を湯から取り出し、氷水に沈めて急冷する。ローストポークは熱いまま焼くと肉汁が流れやすいので、すぐに焼く場合も冷ます。

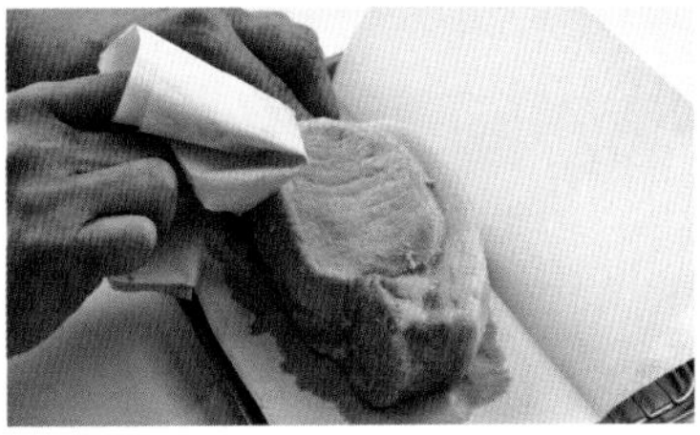

4 ペーパーで表面を拭く。

肉の表面の水気をキッチンペーパーで拭き取る。袋内には凝固したたんぱく質も混じっているので、肉についていれば拭き取る。

仕上げ

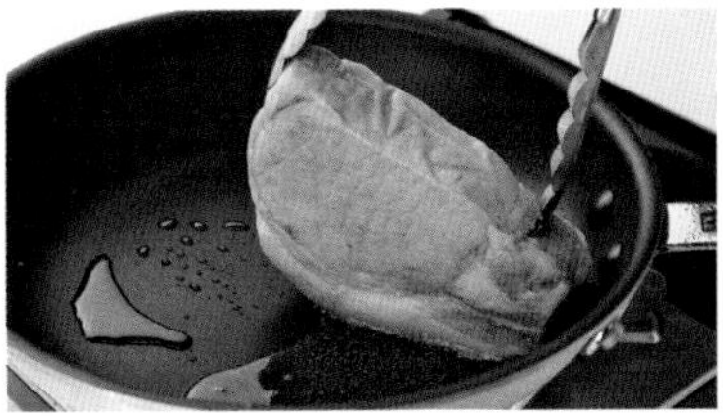

5 脂身から焼き始める。

フライパンにオリーブ油10mlを入れて中火にかけ、温まったら脂身を下にして置く。脂身をしっかり焼きながら全体を温める。

6 肉に焼き色をつけながら温める。

脂身に香ばしく焼き色がつき、煙が出始めたら弱火に。他の面は温めることを第一目的に、一面ずつゆるやかに火を入れていく。

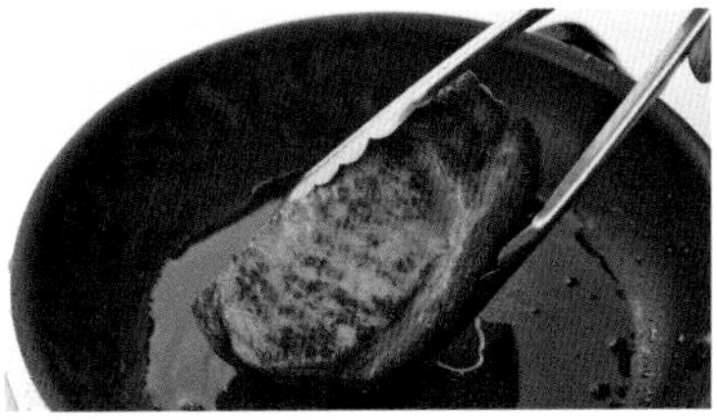

7 焼き上がりの一歩手前で取り出す。

もう一息焼き色をつけたいという段階まで焼いたら豚肉を取り出し、網に置く。フライパンの油脂を捨てる。

8 バターと油を足す。

新たにオリーブ油5mlとバターを加えて溶かす。

9 バターの風味をつけながら焼く。

豚肉を戻して中火にする。肉が焼けた香ばしさにバターの風味をつけていく。肉を動かし、焼き汁をアロゼしながら焼く。

10 網にのせて油をきる。

おいしそうな色と香りに焼き上がったら、網に取り出して油をきる。

11 厚めに切り分ける。

厚く切ってローストポークのボリューム感を出し、付け合わせと共に器に盛る。チョリソソースを添える。

チョリソソース

❶玉ねぎとベーコンをオリーブ油で炒め、玉ねぎが透き通ってきたらチョリソを加える。

❷白ワインを加えて煮詰め、フォン・ド・ヴォーを加え、ひと煮立ちさせる。塩で味をととのえる。

◆保存は袋のまま氷水で冷却後、肉から出た水分をきり、冷蔵室で2〜3日、チルド室で4〜5日、冷凍で1カ月。リヒート（63℃約20〜30分）して用いる。

卵黄と塩で作る卵黄クリーム。卵の凝固温度ぎりぎりの65℃で低温調理すると、
なめらかなとろとろのクリーム状に火が入ります。カナッペを始め、カルパッチョ、
肉のロースト、かに肉やうになど、さまざまな食材のワンポイントソースに。
塩の代わりに醤油を使って和のテイストでも。耐熱性の絞り袋で調理すると使いやすいです。

卵黄クリームのカナッペ

Canapés à la crème de jaunes d'œufs

材料（作りやすい分量）
卵黄……3個分
塩*……ひとつまみ
＊卵黄10個分に対して塩は1g。
食パン（サンドイッチ用）……適量
ⓐまぐろのタルタル
まぐろ（細かく叩いたもの）、エシャロット（みじん切り）、塩、芽ねぎ
ⓑサラダチキン
鶏胸肉（p.94。低温調理したもの。小角に切り、マヨネーズで和える）、枝豆（塩ゆで）、黒粒こしょう（生こしょうを粗く砕く）
ⓒキャビア
キャビア、縮みパセリ（みじん切り）

1 下ごしらえ

❶ボウルに卵黄と塩を入れ、泡立て器で混ぜる（A）。ザルで漉して、耐熱性の絞り袋に入れる（B、C）。

卵液の混ぜ方は塩が溶ける程度に軽くでよい。絞り袋は先端が切れていないものを使う。深型バットや広口瓶などの口に広げてかけると、卵液を入れやすい。

❷絞り袋を平らにして手のひらで卵液を絞り出し口の方向に寄せて空気を抜く。卵液の端で袋を二つ折りにし（D）、さらに開口部を3つ折りにしてダブルクリップなどで仮留めする。

2 低温調理

低温調理の水槽を65℃に予熱する。水温が目標温度に達したら、卵液の入った袋を水槽に沈め、袋の上部を水槽の縁にダブルクリップで留める。1時間調理する（E）。

A

B

C

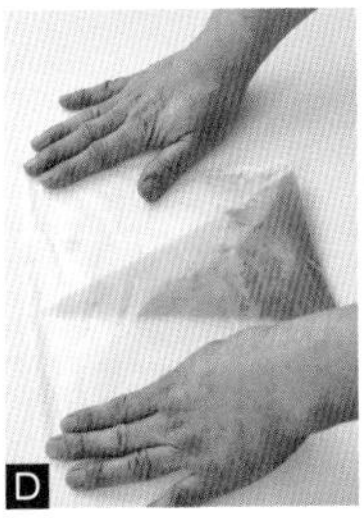
D

E

3 仕上げ

絞り袋を湯から取り出し、氷水で急冷する（F）。絞る際、絞り袋の先端が5mmほどあくようにハサミで切る。

盛りつけ

食パンを好みの大きさの円形に抜き、軽くトーストする。ⓐ、ⓑ、ⓒそれぞれの具材を盛り、最後に卵黄クリームを絞る（G）。

◆卵黄クリームの保存は、急冷した絞り袋の上部を折りたたんで密封し、冷蔵室で2～3日、チルド室で4～5日。

F

G

余った卵白を低温調理で〈ウ・ア・ラ・ネージュ〉に

材料（耐熱性の密封保存瓶、容量250mlを3個分）
卵白……120g（4個分）
グラニュー糖……100g

作り方

❶卵白にグラニュー糖を3回に分けて加えながら泡立て、角が立つメレンゲを作る。保存瓶の縁まで詰めて、蓋をする。

瓶の口が狭いものはメレンゲを取り出しにくくなるので、口と胴部が同じ直径のものを使う。また瓶底に霧吹きで水をかけてからメレンゲを詰めると、取り出しやすい。

縁まで詰めておかないと、メレンゲに空洞ができる。

❷瓶を水槽に沈め、低温調理する（80℃ 20分）。

❸瓶を湯から取り出し、常温において粗熱をとる。冷蔵室で冷やして器に盛る。

◎キャラメルやプラリネ（アーモンドなどの飴がけ）をかけ、周りにアングレーズソースを流す。

器に盛らずに瓶に入れたまま、キャラメルやソースをかける方法でも。

野菜のスープは野菜の下煮に低温調理を利用。ブイヨンと一緒に95℃で火を入れ、充分に柔らかくしてから撹拌し、牛乳や生クリームでのばしてひと沸かしします。野菜とブイヨンは4：3が黄金比。

かぼちゃのスープ
Soupe de potiron

材料（3人分）
かぼちゃ（皮と種子を取り、角切り）……200g
塩……ふたつまみ
チキンブイヨン*……150ml
牛乳……150ml

*市販品ではコンソメ（顆粒）を湯で溶いたものがおすすめ。製品の表示よりやや薄味に作って使うとよい。

1 下ごしらえ

かぼちゃ、塩、チキンブイヨンを食品用耐熱袋に入れ（A、B）、脱気して封をする。

2 低温調理

低温調理の水槽を95℃に予熱する。水温が目標温度に達したら、かぼちゃの入った袋を水槽に沈め、45分調理する。浮きやすいので水槽の縁にダブルクリップで留める（C）。

3 仕上げ

❶袋を湯から取り出し、具材と煮汁をすべてミキサーに入れる。撹拌してピュレにし、ザルで漉して鍋に入れる（D）。

❷①を強火にかけ、ゴムべらで混ぜながら牛乳を加えてひと沸かしする。塩（分量外）で味をととのえて器に注ぐ。

かぼちゃのスープは噛んで食べるイメージで、口にとどまるくらいの濃度があるほうがよりおいしく感じられる。牛乳の量や煮詰め方を調整して、とろみがある濃さに仕上げる。

トッピング

粗みじん切りの縮みパセリ。

◆低温調理したピュレは一度沸かさないと離水する。冷製にする場合も、牛乳と一緒に沸かしてから冷蔵室で冷やす。

◆保存は袋のまま氷水で冷却後、冷蔵室で2日、チルド室で5日、冷凍で1カ月。

A

B

C

D

マッシュルームのスープ

Soupe de champignons de Paris

材料（3人分）

マッシュルーム（薄切り）……120g
じゃがいも（薄切り）……60g
塩……ふたつまみ
チキンブイヨン*……300ml
生クリーム（乳脂肪分35～38％）……50ml

*p.110参照。

1 下ごしらえ

マッシュルーム、じゃがいも、塩、チキンブイヨンを食品用耐熱袋に入れ（A、B）、脱気して封をする。

2 低温調理

低温調理の水槽を95℃に予熱する。水温が目標温度に達したら、マッシュルームの入った袋を水槽に沈め、45分調理する。浮きやすいので水槽の縁にダブルクリップで留める（C）。

3 仕上げ

❶袋を湯から取り出し、具材と煮汁をすべてミキサーに入れる。好みの粗さに攪拌してピュレにし、ザルで漉して鍋に入れる（D）。

❷①を強火にかけ、ゴムべらで混ぜながら生クリームを加えてひと沸かしする。塩（分量外）で味をととのえて器に注ぐ。

トッピング

生マッシュルームの薄切り、フォームドミルク（温めながら泡立てた牛乳の泡）。

水分の多いマッシュルームはじゃがいもを入れて低温調理し、とろみを出す。軽くて水槽内で袋が浮きやすいので、どの材料もやや多めの配合にしている。

◆低温調理したピュレは一度沸かさないと離水する。冷製にする場合も、生クリームと一緒に沸かしてから冷蔵室で冷やす。

◆保存は袋のまま氷水で冷却後、冷蔵室で2日、チルド室で5日、冷凍で1カ月。

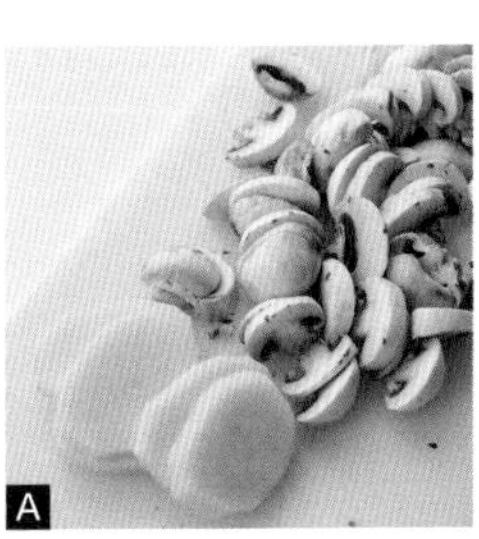

A

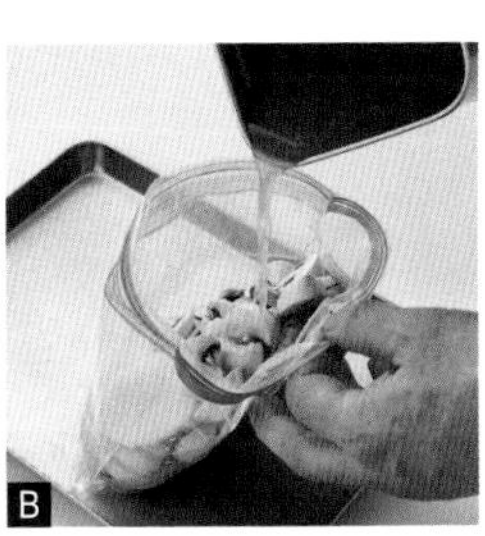

B

C

D

真鯛のポシェ

Daurade pochée

魚の切り身を45℃で低温調理すると“ミ・キュイ”（半分の火入れの意）に近いねっとり感の増した新食感が味わえます。45℃は魚のたんぱく質が固まり始めるぎりぎりラインの温度で、パサつかない限界の20分で火を入れます。この温度帯はフランス人が好む“ティエド”（ほの温かい）。低温調理法が真価を発揮してくれる料理です。

材料（2人分）
真鯛（刺身用の切り身、50g）……2枚
塩……0.8g（魚の重量の0.8%）
ピュアオリーブ油……大さじ2

パプリカのラヴィゴットソース
　パプリカ（赤・黄・緑、みじん切り）……各大さじ2
　トマト（皮を湯むきして叩いたもの）……大さじ2
　ケイパー（酢漬け、みじん切り）……大さじ2
　ピュアオリーブ油……大さじ2
　塩……適量

A

1 下ごしらえ

真鯛の皮を除き、両面に塩をふる（A）。食品用耐熱袋に入れ、オリーブ油を加え（B）、脱気してから封をする。

魚の切り身は軽く、空気が残っていると余計に水槽内で浮きやすくなるため、しっかり脱気する。水圧法の場合は工程7で脱気する。油を袋に入れると空気が抜けやすく、また均一に火入れできる。

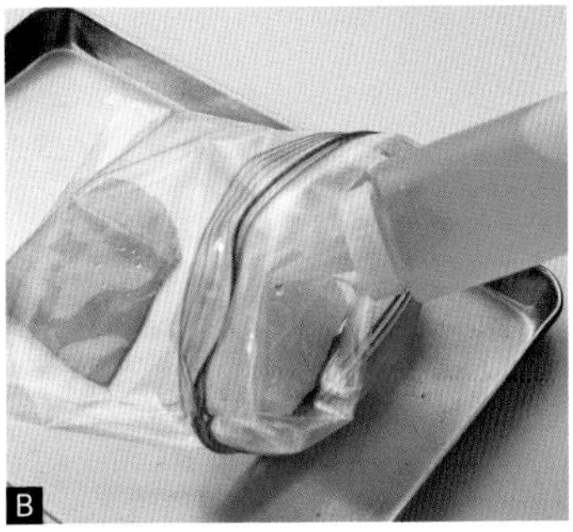
B

2 低温調理

低温調理の水槽を45℃に予熱する。水温が目標温度に達したら、真鯛の入った袋を水槽に沈め、20分調理する（C）。

C

D

3 仕上げ

❶袋を湯から取り出し、真鯛を器に盛る。

❷ラヴィゴットソースの材料をボウルに入れて混ぜ（D）、①の器に点々とたらす。

付け合わせ

グリーンアスパラガスのスライス（氷水に放ったあと、乾かして塩をふる）、マイクロハーブ（クレイジーピー）。

◆当日食べきる。

トマトソース（p.97）

材料
トマト（皮を湯むきしてざく切り）……200g
にんにく（みじん切り）……1片分
玉ねぎ（みじん切り）……50g
オリーブ（黒・緑、種を抜いたものの輪切り）
　……各3個分
ピュアオリーブ油……20ml
塩……適量

作り方

❶にんにくと玉ねぎをオリーブ油で炒め、香りが出たらトマトを加えて煮詰める。

❷オリーブを加え、さっと煮て塩で味をととのえる。

バジルソース（p.97）

材料
バジル……10g
にんにく……ごく少量
E.V.オリーブ油……100ml
塩……ひとつまみ

作り方

材料をすべてミキサーに入れて撹拌し、なめらかなピュレ状にする。

海老のオリエンタル

Crevettes à l'orientale

海老の料理は食感が命。低温調理器は
目指す食感に導く最適な温度を、
ピンポイントで押さえてくれる頼もしい存在です。
適温は60℃以下か70℃以上のどちらかで、ここでは57℃ 30分に設定。
殻付きで低温調理したのち、殻をむいてソースで和えると究極のプリプリ食感に。
殻付きのまま仕上げてもおいしく食べられる、汎用性の高い温度帯です。

材料（2人分）
海老*（殻付き）……12尾（140g）
塩……8g（海老の重量の約6%）
ピュアオリーブ油……大さじ2
コリアンダー（ホール）……30粒

フルーツソース
　パッションフルーツ……1個
　E.V.オリーブ油……小さじ1

＊バナメイ海老、ブラックタイガーなど手に入りやすい無頭海老で、殻付きを使う。加熱による身のパサつきを殻がガードする。

1 下ごしらえ

❶海老は殻の上から竹串で背わたを抜く。食品用耐熱袋に入れ、塩とオリーブ油大さじ1を加え（A）、脱気してから封をする。

殻付き海老は塩がつきにくいが、オリーブ油と一緒に入れることで全体に味が行き渡る。水圧法の場合は工程2で脱気、封をする。

❷ソースを作る。パッションフルーツの果肉をボウルに入れ、オリーブ油を混ぜて冷蔵室で冷やしておく（B）。

2 低温調理

低温調理の水槽を57℃に予熱する。水温が目標温度に達したら、海老の入った袋を水槽に沈め、30分調理する（C）。

3 仕上げ

❶袋を湯から取り出し、海老の殻をむく。

❷フライパンにオリーブ油大さじ1とコリアンダーを入れ、弱火で火を入れる（D）。コリアンダーがはぜ始め、香りが出てきたら①の海老を入れる。火を強め、海老を温めながらコリアンダーの香りをまとわせる（E）。

❸冷やしておいたソースに②を入れて和え（F、G）、ソースと共に器に盛る。

冷たいソースに入れることで海老の温度上昇が止まり、過熱が防げる。また、ソースにとろみも出て海老との絡みがよい。

付け合わせ

マンゴー、アボカド、葉野菜（トレビス、ルッコラ、シャンツァイ）。

◆当日食べきる。

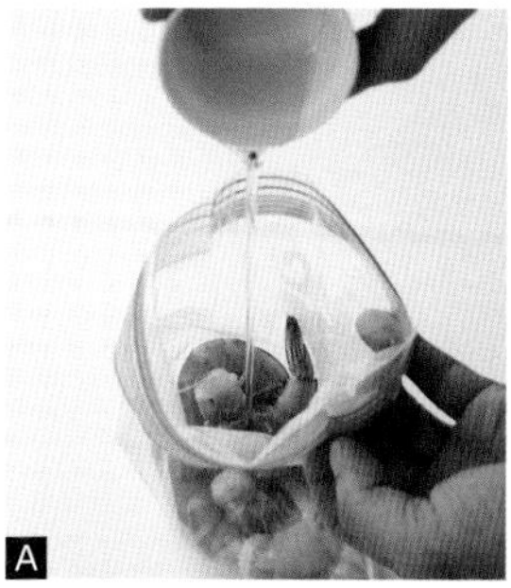
A

B

C

浮きやすい軽い食材の場合は袋の上部を水槽の縁にダブルクリップで留める。

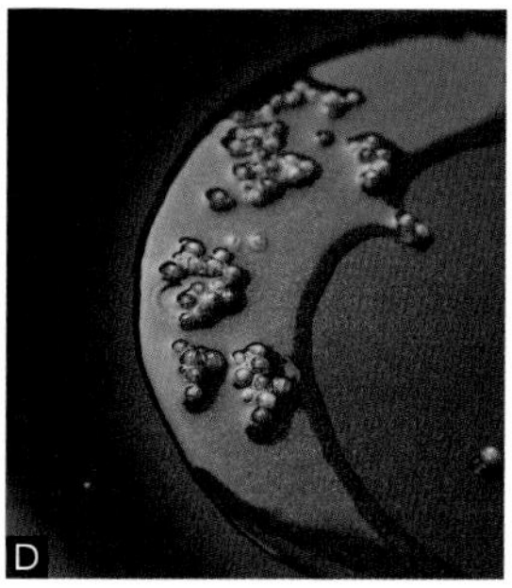
D

E

F

G

Idea!

70～75℃で低温調理するなら、時間は15分に短縮。殻にしっかり火が入るので、殻ごと仕上げる料理がより食べやすくなります。殻は油との相性がよいので香ばしさもプラス。身がパサつくこともないので安心です。風味づけのコリアンダーは、粉末では焦げやすいのでホールがベスト。紹興酒などの酒、醤油、パプリカパウダーを加え炒めても美味。

鴨のアピシウス風

Magret de canard, sauce Apicius

アピシウス風は甘くスパイシーなオリエンタルの
風味が特徴で、鴨肉にガラムマサラ、
キャラメリゼした甘いオレンジソースには
ホールのコリアンダーを香り高く使います。
鴨肉の低温調理はステーキとほぼ同じ58℃。
低温調理したあと、脂身を焼いて
余分な脂を落とし、カリッと仕上げます。

材料（2人分）
鴨胸肉……1枚（250g）
塩……2.5g（鴨肉の重量の1%）
ガラムマサラ……少量
サラダ油……20ml

オレンジソース
　オレンジの果汁……125ml
　オレンジの皮（すりおろしたもの）……1/2個分
　レモンの皮（すりおろしたもの）……1個分
　蜂蜜……12g、グラニュー糖……25g
　コリアンダー（ホール）……10g
　醤油……小さじ1/2

1 下ごしらえ

❶鴨胸肉の身側にスジ、脂、薄皮などがあれば取り除く。脂身側に、5mm間隔で切り目を入れる（A、B）。

脂身がかなり厚い場合は薄くすき取ってから切り目を入れる。脂の層は上下で質が異なり、赤身に近いほうがパリッと焼ける。

❷塩とガラムマサラを両面にふり（C）、食品用耐熱袋に入れ、脱気して封をする。水圧法の場合は、工程2で脱気、封をする。

2 低温調理

低温調理の水槽を58℃に予熱する。水温が目標温度に達したら、鴨肉の入った袋を水槽に沈め、45分調理する（D）。

3 仕上げ

❶袋を湯から取り出し、鴨肉の水気をキッチンペーパーで拭く。フライパンにサラダ油をひいて中火にかけ、脂身を下にして焼く。余分な脂を出しながら香ばしい焼き色をつける（E）。

脂身のみしっかり焼き色をつける。多めの油をひいておいたほうが呼び水となって鴨の脂が抜けやすい。

❷フライパンの油脂を捨て（F）、肉を裏返して位置を動かしながら全体を温めるように焼く。肉がぷっくり膨らんできたら（G）、脂身を上にして網にのせ、やすませる（H）。

身側は焼きすぎると硬くなるので手早く焼き上げる。

❸②の鴨肉の脂身にオレンジソース（右記）を塗り（I）、しばらくおいてソースが固まったら切り分けて器に盛る。余ったソースは漉して、液体分を器に点々とたらす。

付け合わせ

塩ゆでしたそら豆。

◆保存は袋のまま氷水で冷却後、肉から出た水分をきり、冷蔵室で2〜3日、チルド室で4〜5日、冷凍で1カ月。リヒート（58℃約15分）して用いる。

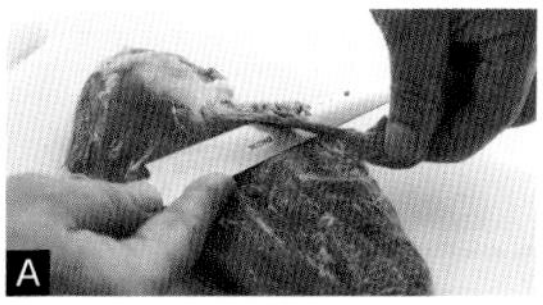
A

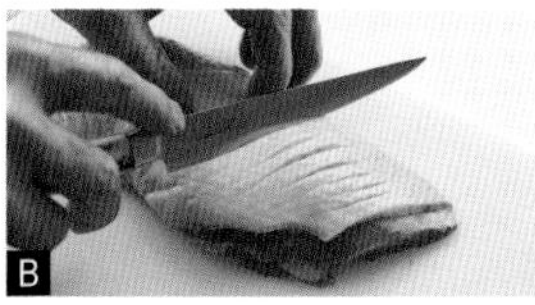
B

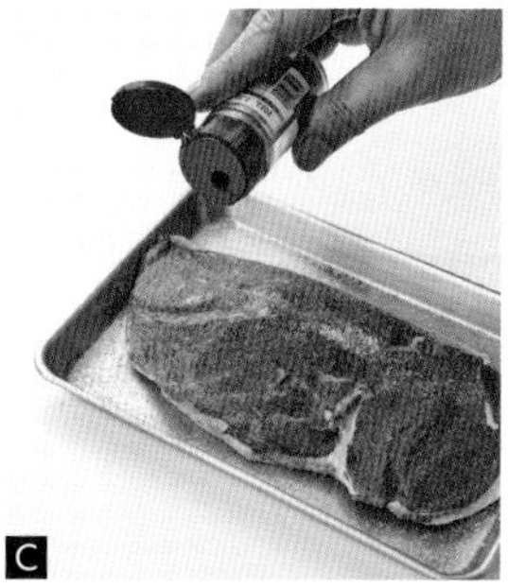
C

D

E

F

G

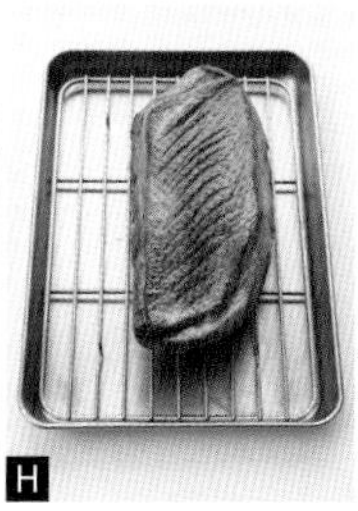
H

I

オレンジソース

❶フライパンにグラニュー糖を入れて強めの中火にかけ、溶けてきたらコリアンダーを入れ、鍋をゆすり、煙が出始めたら火を弱め、コリアンダーに火を入れながら香ばしさを出す。オレンジの果汁を加えてキャラメル化を止め、ひと煮立ちさせる。

オレンジの果汁を入れたら、コリアンダーの周りのキャラメルをはがすように煮立たせる。

❷蜂蜜を加えて溶かし、オレンジとレモンの皮を加えて煮立たせる。最後に強火にして醤油を加え、ひと煮立ちさせてボウルにあける。

醤油は煮詰めると香りが飛ぶので、最後に。本来は塩を使うが、醤油に代えることで照り焼きのような香ばしい和テイストのソースになる。

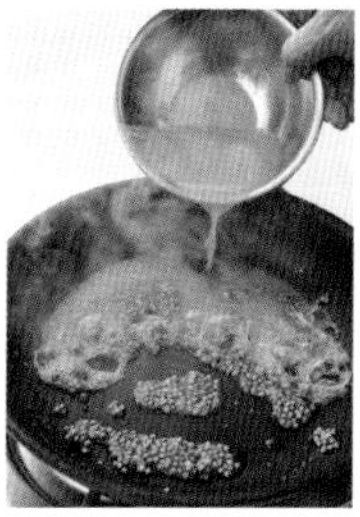

スペアリブのロースト
Travers de porc rôtis

豚の骨付き肉、スペアリブは、肉が柔らかくジューシーなことに加え、
骨からほろりとはがれる身離れが必要。
肉の旨みがじっくり出るのは60℃前後ですが、これでは調理に丸一日近くを要するため、
時短で骨回りまで柔らかくする80℃に設定します。
ソース材料も袋に入れて低温調理し、
仕上げに煮詰めながらスペアリブに絡めれば濃厚な味わいが楽しめます。

スペアリブには甘く濃厚なソースが合う。オレンジや蜂蜜は定番の材料で、生姜や醤油など和のテイストを隠し味に加えると、味に深みが出る。

材料（2〜3人分）

豚スペアリブ*……500g
塩*……4g（豚スペアリブの重量の0.8%）
ⓐ ┌ オレンジジュース……100ml
　│ 生姜*（薄切り）……10g
　│ にんにく*（薄切り）……1片分
　│ 蜂蜜……10g
　│ 醤油……20ml
　└ 水……20ml
ピュアオリーブ油……大さじ1

＊スペアリブの骨が長く飛び出している時は、袋を傷つけやすいのでアルミホイルで巻く。

＊肉料理のふり塩は1%が多いが、この料理は最後に煮汁を煮詰めながら肉に絡めるので、少し抑えて0.8%に。

＊生姜とにんにくは市販のすりおろしタイプでも。それぞれ1g、ごく少量で。

1 下ごしらえ

豚スペアリブの両面に塩をふり、食品用耐熱袋に一列に揃えて並べる。ⓐを袋に加え、脱気して封をする（A、B）。

水圧法の場合は、工程2で脱気、封をする。

2 低温調理

低温調理の水槽を80℃に予熱する。水温が目標温度に達したら、スペアリブの入った袋を水槽に沈め、2時間30分調理する（C）。

3 仕上げ

❶袋を湯から取り出し、煮汁を漉して鍋に入れる（D）。

煮汁にはスペアリブからしみ出した血液が凝固して混ざっているので、必ず漉して使う。漉さないと舌触りがざらつき、濁りも出る。

❷フライパンにオリーブ油を入れて弱めの中火にかけ、温まったらスペアリブを並べる（E）。肉に火は入っているので、表面に香ばしく焼き色をつけるだけにする（F）。すべての面を焼いたらフライパンの油脂を捨てる（G）。

スペアリブの余分な脂分を落とすための呼び水として、最初に入れるオリーブ油は多めに（26cmのフライパンで大さじ1）。

肉の表面の煮汁は焦げやすいので、火力を強くしすぎない。

❸①を加え（H）、強火にして煮汁を煮詰めながらスペアリブに絡める（I）。軽くとろみが出始めたら器に盛る。

煮詰めている途中で味見し、塩気が強くなりそうだったり脂分が多すぎたりしたら、煮詰めるのを止めて水溶きコーンスターチ（分量外）でとろみをつけてもよい。

付け合わせ

レタス、オレンジの果肉、じゃがいもと玉ねぎのリヨネーズ（炒め合わせ）。

◆保存は袋のまま氷水で冷却後、冷蔵室で2〜3日、チルド室で4〜5日、冷凍で1カ月。リヒート（80℃ 15〜20分）して用いる。

A

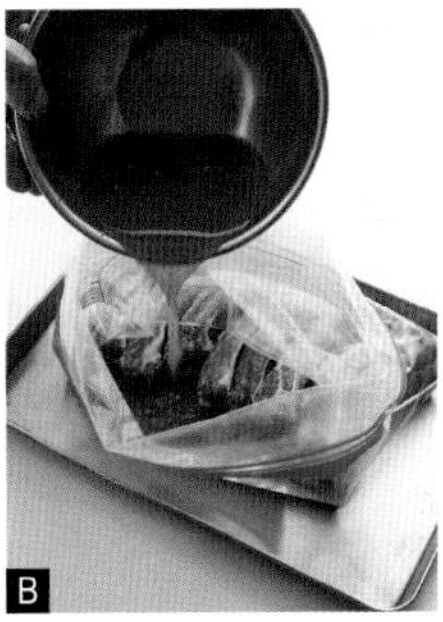
B

C

D

E

F

G

H

I

腱やスジの多い煮込み用の牛肉は、旨みの素となるコラーゲンが豊富。
これをほぐして柔らかく煮るには高めの温度、85℃で低温調理します。
他の料理にも展開できるよう、ごくシンプルに赤ワインで低温調理。
仕上げの鍋でトマトペーストやフォンを足して味をととのえます。
アレンジの一品は、ルウやスパイスを加え
さらりと仕立てたカレー煮。

牛バラ肉の赤ワイン煮

Bœuf bourguignonne

材料(4人分)
牛バラ肉*……500g
塩*……5g(牛肉の重量の1%)
にんにく(皮をむき半分に切って芽を取る)……2片分
ローリエ……2枚
赤ワイン*……650ml
ⓐ┌トマトペースト……20g
　└フォン・ド・ヴォー*……120ml

*赤身と脂身がバランスよく入った煮込み用の部位であればなんでも(A)。

*煮込み料理では塩分を0.8%にすることが多いが、ここでは後半に水分を加えてのばすので、最初は1%と少し強めにふる。

*赤ワインの品種はお好みで。カベルネ・ソーヴィニョンは色に深みが出て甘みと旨みのバランスがよい。またチリの「サンタ・カロリーナ社」はおすすめのひとつ。

*市販のフォン・ド・ヴォーやデミグラスソースでOK。

1 下ごしらえ

❶小鍋に赤ワインのうち500mlを入れて強火にかけ、沸騰したら中火にしてアルコール分を飛ばしながら200mlまで煮詰める。粗熱をとっておく。

❷牛バラ肉をひと口大に切り、塩をふる(B)。食品用耐熱袋に入れ、にんにくとローリエ、①を加えて脱気し、封をする(C、D)。

長時間煮ると肉が縮むので、ひと回り大きめのひと口大に。脂身は取らずに、ひとつひとつにバランスよく入るように切り分ける。水圧法の場合は、工程2で脱気、封をする。

2 低温調理

低温調理の水槽を85℃に予熱する。水温が目標温度に達したら、牛肉の入った袋を水槽に沈め、8時間調理する(E)。

3 仕上げ

❶袋を湯から取り出し、ザルで漉して具材と煮汁に分ける(F)。牛肉はバットに移して乾かないようラップをかけ、煮汁は浮いている脂をレードルですくい取る。

脂は完璧に取らなくてよい。少量を残しておくと、②で乳化しやすい。

❷①の煮汁を鍋にとり、ⓐを加え混ぜながら強火で沸かす(G)。いったん火を止めておく。

❸残りの赤ワイン150mlを別鍋に入れて強火にかけ、沸騰したら中火にして濃度と艶が出るまで煮詰める(H)。

ワイン中の水分をかなり飛ばして鍋底に膜が張ったような状態(料理用語で「ミロワール(鏡)」)まで煮詰める。これを入れると煮汁に爽やかな酸味と艶が加わり、美しい赤ワイン煮になる。

❹③に②の煮汁を加え(I)、塩(分量外)で味をととのえる。①の牛肉を戻して温め(J)、器に盛る。

付け合わせ

マッシュルームのソテー、ペコロスのブイヨン煮、さやいんげんの塩ゆで、縮みパセリ。

◆保存は袋のまま氷水で冷却後、冷蔵室で4〜5日、チルド室で6〜7日、冷凍で1カ月。リヒート(85℃ 15〜20分)して用いる。

Arrange
牛バラ肉のカレー煮
Ragoût de bœuf au curry

材料(4人分)
牛バラ肉の赤ワイン煮
　(500gを低温調理したもの)
　……全量
トマトピュレ……100g
水……500ml
カレールウ*……90g
ⓐ*┌カルダモン(ホール)……6個
　　│クローブ(ホール)……6個
　　└シナモン(スティック)……1本
太白ごま油……45ml
塩……ひとつまみ

*カレールウは市販の中辛タイプ。

*ⓐのスパイスは赤唐辛子やこしょうのような辛み系ではなく、香り系から選ぶ。クミン、コリアンダーでも。

作り方

❶低温調理後の牛肉と煮汁を漉し、煮汁は、もう一度目の細かいザルで漉して鍋に入れる。トマトピュレと水を加えて強火にかけ、温める。

❷ⓐのカルダモンとクローブを砕き、シナモンは手で折る。太白ごま油と共に鍋に入れて弱火にかけ、はぜてくるまで混ぜながら香りを出す。油が少し色づき、泡立って香りが上がればOK。火を止めて①の煮汁を加え、塩を入れる。火にかけてカレールウを加え、弱火で溶かしながら温めていく。

スパイスは乳鉢やすり鉢などでつぶす。カルダモンは殻も使う。油の中で火を入れすぎると苦みが出るので注意。塩を加えることでスパイスの香りが一層引き立つ。

❸①の牛肉を加えて温めたのち、器に盛る。

付け合わせ

白ごはん、なすのフリット。

レバーペースト

Pâté de foies de volaille

「低温調理はシャルキュトリーを上手に作るのにも向いています」と髙良シェフ。
まず、おすすめはレバーペースト。鶏レバーを直接ゆでたり炒めたりせず、
下ごしらえした副材料と一緒に生でミキサーにかけて生地を作り、
低温調理で静かに火を入れます。でき上がりは驚くほどしっとりなめらか。
袋ではなく保存瓶を用いますが、作業性がよく、そのまま保存できて便利です。

材料（耐熱性の密封保存瓶、容量250mlを3個分）

鶏レバー……100g
全卵……80g
にんにく（薄切り）……3g
玉ねぎ（薄切り）……50g
バター（炒め用）……15g
マデイラ酒（甘口）……60ml
溶かしバター*……100g
塩……5g
白こしょう……1g

*バターは小角に切り、鍋で直火にかけるか（A）電子レンジで溶かす（600Wで20秒以上）。熱いまま使うと卵などに火が入って凝固するので、冷ましておく。

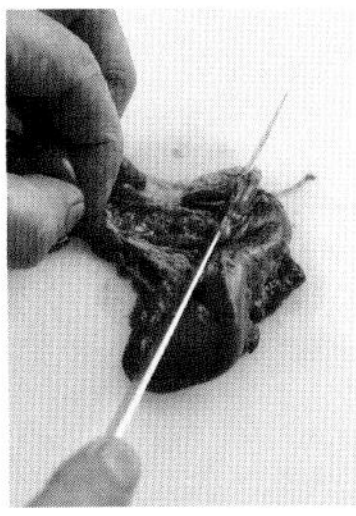

鶏レバーは新鮮なものを準備。左右がスジでつながっているので、真ん中に包丁を入れ、しごいてスジや汚れを取り除く。

1 下ごしらえ

❶フライパンを中火にかけ、炒め用のバターを溶かす。にんにくと玉ねぎを入れ、塩少量（分量外）をふり、玉ねぎが透き通ってしんなりするまで炒める。マデイラ酒を加えて火を強め（B）、アルコール分を飛ばしながら約半量に煮詰める（C）。ボウルに入れて粗熱をとる。

レバーの風味が損なわれないよう、バターは焦がさずに炒める。これも熱いままミキサーで混ぜると卵などが凝固するので粗熱をとる。

❷ミキサーにレバー、卵、①、塩、白こしょうを入れて撹拌する（D、E）。途中、溶かしバターを少量ずつ、糸を垂らすように加えて撹拌を続ける（F）。

溶かしバターは一気に入れるとなめらかに混ざらないので、マヨネーズを作る要領で少量ずつ混ぜて乳化させる。

❸生地が乳化してなめらかに白っぽくなったら、ザルで漉す（G）。保存瓶に7分目まで注ぎ、蓋をして密閉する（H）。

2 低温調理

低温調理の水槽を80℃に予熱する。水温が目標温度に達したら、瓶を水槽に沈め、25分調理する（I）。

瓶の下にも湯が対流するよう、水槽の底にココットなどの器を置いて台を作り、瓶をのせる。

3 仕上げ

瓶を湯から取り出し、常温で粗熱をとる。その後、氷水で冷やし（J）、冷蔵室で保存する。

熱いまま氷水に入れると瓶が割れることがあるので、素手で触れる温度まで下げてから氷水で冷やす。

付け合わせ

バゲットの薄切りをトーストしたクルトン、干しいちじくなどのドライフルーツ。

◆保存は冷蔵室で4〜5日、チルド室で7日。

人気の「田舎風パテ」も、生地を詰めた型ごと低温調理します。
オーブンに比べて水分が飛びにくく、柔らかく火が入るのでジューシーな口当たり。
「食べる直前に表面を焼くと、単調な風味に香ばしさが加わっておいしさが増します。
脂身はミンチにすると溶けやすく水っぽくなるので、ひき肉は赤身を使い、
脂身の多いバラ肉を角切りにして加えるのが失敗しない材料使いです」と髙良シェフ。

パテ・ド・カンパーニュ

Pâté de campagne

材料（18×9cm×高さ6cmのパウンド型1台分）

豚粗びき肉……400g
豚バラ肉*（1cmの角切り）……150g
鶏レバー*（ペースト状に叩く）……200g
玉ねぎ（みじん切り）……100g
にんにく（みじん切り）……2片分
バター……15g
ⓐ コニャック*……15ml
　赤ワイン……30ml
　塩……10g
　白こしょう……2g
　ミックスハーブ（ドライ）……1g
　全卵……1個

＊肩ロース肉、ほほ肉など、脂身の多い部位でも。

＊鶏レバーの役目は風味づけとつなぎ。あまり粗いとつなぎにならないので、粒が少し残るくらいのペーストにする。

＊コニャックの代わりに、ウイスキーでもよい。

1 下ごしらえ

❶フライパンにバターを入れて弱火にかけ、にんにく、玉ねぎ、塩ひとつまみ（分量外）を入れて玉ねぎが透き通るまで炒める。

❷ボウルに3種類の肉、①、ⓐを入れて混ぜる（A）。

ビニール手袋をはめた手で混ぜ、練りすぎないようにする。ハンバーグを作る要領で、短時間で混ぜ合わせる。

❸パウンド型に大きくカットしたラップを敷き、②の生地の1/3量を詰める。台にトントンと落として、生地を型に密着させたあと（B）、残りの生地を縁いっぱいに詰める。ゴムべらで表面をならして平らにする（C）。

❹型を横位置に置き、手前にはみ出しているラップ、向こう側のラップ、左右のラップの順に、ピッタリとかぶせる（D）。台にトントンと落として生地を落ちつかせる（E）。

ラップをかぶせる際は持ち上げるようにしてから生地にピッタリかぶせ、生地と型の縁の間に隙間を作るようにする。そうするとラップが金属の型で擦れることがなく、破れにくい。

❺新しくラップを大きくカットして広げ、④を転がしながら巻いて（F）、左右のラップは外側に折って底にあてる（G）。食品用耐熱袋に入れ、脱気して封をする（H）。

袋は型が横向きに入る大きさのものを使う。縦向きに入れると脱気の際に型の左右の空気が抜けにくい。

2 低温調理

低温調理の水槽を63℃に予熱する。水温が目標温度に達したら、型の入った袋を水槽に沈め、2時間30分調理する（I）。

型の下にも湯が対流するよう、水槽の底にココットなどの器を置いて台を作り、袋をのせる。

写真は左から、豚粗びき肉、豚バラ肉、鶏レバー。レバーはまな板に置き、ペースト状になるまで包丁で叩いて使う。

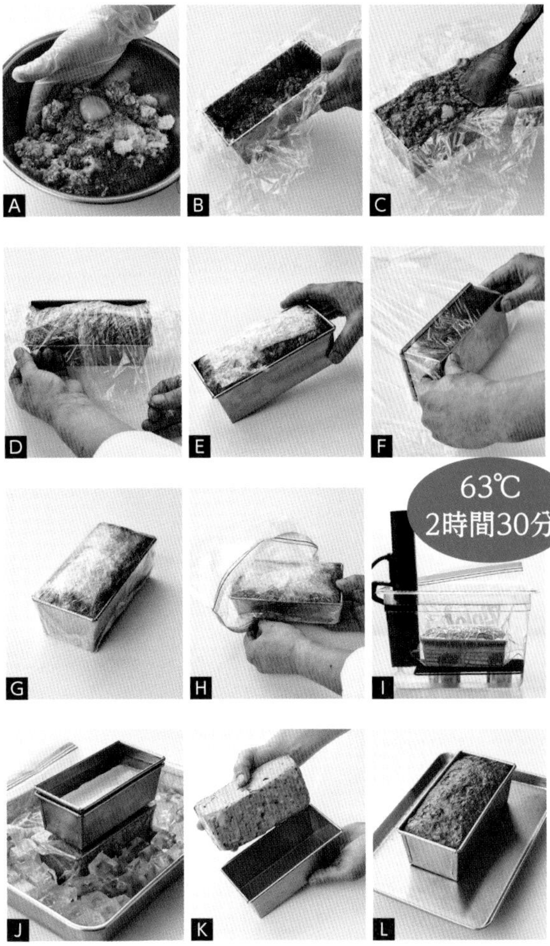

3 仕上げ

❶袋を湯から取り出してバットに置き、周りに氷を敷き詰める。型の上に重しをのせ、1時間ほどおいて粗熱をとる（J）。冷蔵室に入れて2〜3日ねかせる。

重しは500g前後が適量。重さが足りないと生地が締まらず、重すぎるとジュがしみ出てくる。

❷食べる際に型とラップをはずし（K）、パテを型に入れ直して表面をオーブントースターで香ばしく焼く（L）。好みの大きさに切り、器に盛る。

付け合わせ

野菜のピクルス、マスタード、パン・ド・カンパーニュ。

◆保存は冷蔵室で4〜5日、チルド室で7日、冷凍で1カ月。

トリュフショコラ

Truffes au chocolat

チョコレートはなめらかな口溶けや色、艶を
出すための「テンパリング」作業が欠かせません。
1℃の違いが仕上がりを大きく左右するこの温度調節は
手作業では相当な神経をつかいますが、
低温調理器で温度管理すれば失敗なく、楽にできます。
ただし、チョコレートは水分が禁物なので、蒸気の
籠りがちな袋を使わず、大きめのボウルで作業します。

材料（作りやすい分量。直径2cm大を20個分）
ダークチョコレートⓐ*（カカオ分55%）……250g
ガナッシュ
　ダークチョコレートⓑ*（カカオ分55%）……150g
　生クリーム（乳脂肪分38%）……125g
　グランマルニエ*……20ml
ココアパウダー……適量

＊チョコレートはタブレットならそのまま。板状なら包丁で細かくきざむ。

＊オレンジリキュールはチョコレートと相性がよい。グランマルニエのほかコアントロー、またコニャックなどのブランデーでも。

1 下ごしらえ

❶大きめのボウルにチョコレートⓐを入れる。

❷ガナッシュを作る。チョコレートⓑを別のボウルに入れる。生クリームとグランマルニエは小鍋に入れて中火で沸騰直前まで沸かす。チョコレートⓑに少しずつ注ぎ、溶け始めたらゴムべらで混ぜながら全量を合わせる。冷蔵室に移し、絞り出せる硬さに冷やし固める。

ガナッシュに気泡ができないよう、泡立てずに静かに混ぜる。

❸ガナッシュを絞り袋（丸口金）に詰め、バットなど平らな容器に直径2cm大に丸く絞り出す（A）。冷蔵室で冷やしておく。

2 低温調理

❶低温調理の水槽の水が常温の時にチョコレートⓐを入れたボウルを浮かべ、47℃に設定する（B）。水温が目標温度に達したら、ボウルを取り出し、ゴムべらで空気を入れないように混ぜてチョコレートを完全に溶かす。水槽に戻して10分加熱する（C）。

水が47℃に達した時点で、チョコレートはほぼ2/3量が溶けている。溶けていない部分を混ぜながら溶かしていくことで、全体が理想温度の45℃に下がる。溶けにくいところがあれば、水槽の湯にボウルの底を少しだけあてて溶かしやすくするとよい。

❷ボウルをはずし、水槽に氷適量を入れて温度を下げ、27℃に設定する。目標温度に達したらボウルを戻す。ゴムべらで混ぜながらチョコレートの温度を下げていく。すくい取った時にチョコレートが流れ落ちれば28～29℃あたり。リボン状に落ちて跡が残れば27℃（D）。

ゴムべらでボウルの底をかいた時に、薄く膜状になったチョコレートが白っぽくくすんで見えれば27℃。この方法で確認してもよい。

❸ボウルを入れたまま水槽の温度を30℃に設定し、全体を混ぜ合わせ、10分加熱する（E）。この時チョコレートは目標温度の30℃に達しているのでテンパリングは完了（31℃を超えるとやり直し）。

仕上げの工程中もチョコレートの温度が下がらないよう水槽に浮かべておく。

3 仕上げ

❶ガナッシュを冷蔵室から出す。低温調理でテンパリングしたチョコレート液を適量手のひらにとり、ガナッシュをのせてもう一方の手指でくるくると丸め、薄いチョコレートの膜で覆う（F）。個数分を作り、バットなどに並べ（G）、冷蔵室で5～10分冷やす。

チョコレート液で薄く覆っておくと、2層目がきれいにつき、またべたつかないので作業性もいい。作業中はビニール手袋をつける。

❷冷えた①をチョコレート液に入れ、フォークで転がすようにして全体に絡めてから（H）、ココアパウダーを広げたバットに置いて全体にまぶす（I）。

◆保存は冷蔵室で2～3日、チルド室で4～5日、冷凍は不可。

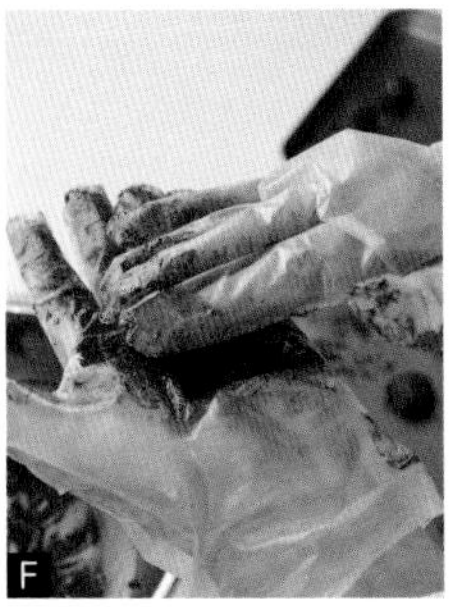
F

G

H

I

PROFILE

野﨑洋光（のざきひろみつ）

東京・南麻布「分とく山」総料理長。従来の考え方にとらわれない自身の料理哲学を柔らかい語り口でわかりやすく説く。栄養専門学校を卒業した栄養士でもあり、健康の源は食べることと提唱し、家庭料理の大切さと家庭でしか作れないおいしさをTVなど多くのメディアで伝えている。

●分とく山
東京都港区南麻布5-1-5
電話／03-5789-3838
https://waketoku.com/

日髙良実（ひだかよしみ）

東京・外苑前「リストランテ アクアパッツァ」オーナーシェフ。イタリアンの真価は郷土料理にこそあり！と南イタリアで出会った料理名を店名に掲げる。YouTube「日高良実のACQUA PAZZAチャンネル」では毎週金曜日に料理動画をアップ。おうちイタリアンの伝道師として大活躍。

●リストランテ アクアパッツァ
東京都港区南青山2-27-18
パサージュ青山2階
電話／03-6434-7506
https://acqua-pazza.jp/

脇屋友詞（わきやゆうじ）

東京・赤坂「Wakiya一笑美茶樓」「トゥーランドット臥龍居」等、3店舗のオーナーシェフ。上海料理をベースにした洗練された料理を一皿ずつ美しい盛りつけで提供するスタイルを確立。中国茶にも造詣が深く、繊細な点心やデザートによるアフタヌーンティーも人気の的。

●Wakiya一笑美茶樓
東京都港区赤坂6-11-10
電話／03-5574-8861
https://www.wakiya.co.jp/

髙良康之（たからやすゆき）

東京・銀座「レストラン ラフィナージュ」オーナーシェフ。「銀座レカン」6代目総料理長として活躍後、2018年独立。2020年ミシュラン1つ星を獲得。フランス料理有識者の協会「クラブ アトラス」会長を務め、プロ向けから愛好家向けまで、幅広く料理講習会を行うなど精力的に活動している。

●レストラン ラフィナージュ
東京都中央区銀座5-9-16
GINZA-A5 2階
電話／03-6274-6541
https://laffinage.jp/

器協力
・火風水 hifumi
・ドルチェ・ヴィータ

撮影協力
岩手短角和牛
・株式会社肉のふがね
https://nikunofugane.com/
低温調理器
・BONIQ（ボニーク）株式会社葉山社中
https://boniq.store/
・貝印株式会社
https://www.kai-group.com/
・ツヴィリング J. A. ヘンケルスジャパン
https://www.zwilling.com/jp/

STAFF
撮影　西山 航
（世界文化ホールディングス　写真部）
写真　櫻井めぐみ
ディレクション　後藤晴彦
ブックデザイン　鳴島幸夫
器コーディネート　福田典子
DTP制作　株式会社明昌堂
校正　株式会社円水社
取材・文　河合寛子
編集協力　株式会社ウイープラネット
編集部　川崎阿久里

一流シェフの低温調理器レシピ

発行日　2023年9月30日　初版第1刷発行

著　者　野﨑洋光　脇屋友詞　日髙良実　髙良康之
発行者　竹間 勉
発　行　株式会社世界文化ブックス
発行・発売　株式会社世界文化社
〒102-8195　東京都千代田区九段北4-2-29
電話　編集部 03（3262）5129
販売部 03（3262）5115

印刷・製本　株式会社リーブルテック

ISBN 978-4-418-23310- 6